CB140380

POODLE

Cuidados • Treinamento • Criação
Reprodução • Comportamento • Doenças

2ª EDIÇÃO REVISTA

CÓPIA NÃO AUTORIZADA É CRIME
ABDR
ASSOCIAÇÃO BRASILEIRA DE DIREITOS REPROGRÁFICOS
EDITORA FILIADA

Márcio Infante Vieira

MÉDICO VETERINÁRIO

Fundador e 1º Presidente da Associação Fluminense de Cunicultura
Membro do Centro de Estudos de Informação e Extensão Agrícola
Conselheiro do Alto Conselho Agrícola do Estado de São Paulo
Assistente da Divisão de Medicina Veterinária do Instituto Vital Brasil
Membro do Conselho de Agricultura do Estado do Rio de Janeiro
Fiscal da Carteira Agrícola do Banco do Brasil
Coordenador Técnico do Banco Central do Brasil
Presidente da Associação Brasileira de Criadores de Coelhos
Credenciado pelo Ministério da Agricultura

POODLE

Cuidados • Treinamento • Criação
Reprodução • Comportamento • Doenças

2ª EDIÇÃO REVISTA

LIPEL

POODLE

Cuidados • Treinamento • Criação
Reprodução • Comportamento • Doenças

série PETS

2ª Edição Revista - 2003

Supervisão Editorial: *Jair Lot Vieira*
Editor: *Alexandre Rudyard Benevides*
Capa e Editoração: *Mariana Nelli Lot Vieira*
Foto da Capa: *Brad Pitt* e seu pai *Val Kilmer*
Poodles adultos – Canil N AND T'S
Propriedade de *Maria Cecília Pernambuco*
Foto de *Lionel Falcon*
Revisão: *Isabel Maringoni e Priscila Tanaca*
Digitação: *Richard Rett*

Dados de Catalogação na Fonte (CIP) Internacional
(Câmara Brasileira do Livro, SP, Brasil)

Vieira, Márcio Infante, 1922 -
Poodle : cuidados : treinamento : criação : reprodução : comportamento : doenças / Márcio Infante Vieira -- 2ª ed. rev. -- Bauru, SP: Lipel, 2003 (Série Pets).

ISBN 85-7283-350-1

1. *Poodle* (Cães) 2. *Poodle* (Cães) - Adestramento 3. *Poodle* (Cães) - Criação 4. *Poodle* (Cães) - Cuidados 5. *Poodle* (Cães) - Doenças I. Título II. Série.

02-2056 CDD-636.76

Índices para catálogo sistemático:
1. *Poodle* : Criação : 636.76
2. *Poodle* : Zootecnia : 636.76

LIPEL - Livro e Papel Ltda.
Rua José de Alencar, 3-86 - V. Pacífico
CEP 17050-310 - Bauru - SP
Fone (14) 238-7585 - FAX (14) 238-2339

DISTRIBUIÇÃO: Rua Conde de São Joaquim, 332 - Liberdade
CEP 01320-010 - São Paulo - SP
Fone (11) 3107-4788 - FAX (11) 3107-0061
Email: edipro@uol.com.br

Atendemos pelo Reembolso Postal

SUMÁRIO

Capítulo 10

CRIA E REPRODUÇÃO

Capítulo 11

O PARTO

ILUSTRAÇÕES E TABELAS

Introdução

Quando diariamente, e em horários diferentes, saímos para dar uma volta, à pé, não só pelo bairro em que moramos mas também em várias partes de muitas cidades, encontramos muitos cães, de diversas raças, em companhia de pessoas de todas as idades e classes sociais: crianças, adolescentes e adultos, inclusive idosos.

Quando saímos de carro, o mesmo acontece: muitos carros passam por nós ou param ao lado do nosso, com belos e interessantes cães em seu interior.

Tanto na rua quanto nos carros, não temos dúvidas, a maioria é de cães da raça *poodle*, sejam eles grandes, médios, pequenos ou miniaturas, *toys* ou anões e até *micro-toys*.

Também as pessoas que conhecemos, sejam parentes, amigos ou só conhecidos, que possuem cães têm, também, em sua maioria, *poodles*.

Porque todas essas pessoas escolheram *poodles* como animais de estimação e como companhia?

Sabemos a razão dessa preferência e foi por esse motivo que resolvemos escrever o presente livro que, temos certeza, será de grande utilidade para quem gosta de cães e pretende escolher um deles como companheiro e amigo, pois o *poodle* tem uma personalidade marcante, cujas virtudes principais são a inteligência, a amizade, a lealdade e a sinceridade.

- *Avon Price Status* : *Poodle* médio – Macho – 6 anos de idade – Jovem Campeão, Campeão, Grande Campeão e Campeão Panamericano – Tosa Leão – Propriedade de Maurício Pernambuco Salin – São Paulo.

Capítulo 1

Origem da Raça

1.1. ORIGEM

Os primeiros ascendentes conhecidos dos *poodles* aparecem na Idade Média. Já podem, mesmo, ser vistos pequenos cães de pêlos compridos e enrolados ou encaracolados e com espessos bigodes e sobrancelhas, em obras de pintores franceses, alemães e italianos. Além disso, alguns desses cãezinhos possuem a metade da parte posterior do corpo tosquiada, exceto a ponta da cauda e rosetas nas pernas traseiras, acima dos pés. O penteado desses pequenos cães, não há dúvida alguma, é muito parecido com a tosa dos *poodles* modernos.

Havia, também nessa época, cães de caça grandes e de pêlos compridos, que eram cães de água como, por exemplo, o cão de água português, que tinha, também tosquiada, a parte traseira do seu corpo.

Não há, porém, um acordo sobre a origem dos *poodles*. Alguns sustentam que eles são de origem alemã, teoria esta apoiada por Brehm, um grande naturalista e por Robert Leighton, respeitada autoridade em cães.

Conhecido como *caniche*, na França; *poodle*, na Inglaterra e nos Estados Unidos e *pudel*, na Alemanha, esse cão era, anteriormente, conhecido e classificado, neste último país, como *Canis familiaris aquaticus*, provavelmente devido à semelhança do *poodle* com o cão aquático antigo.

Apoiando essa teoria, Fitzinger, especialista em raças caninas, afirmou que havia diversas variedades de *poodles*: o *gross pudel* (*poodle* grande ou standard); o *mittere pudel* (*poodle* médio); o *kleine pudel* (*poodle* pequeno), além de um menor ainda, o *zwerg pudel* (*poodle* anão). Além desses, eram mencionados, também, o *schnur pudel*, ou seja, o *poodle* encordoado e o *schaf poodle*, o *poodle* crespo.

Outras pessoas afirmam que o *poodle* é originário do Piemonte porque, em épocas antigas havia, nessa região da Itália, *poodles* muito bons, de extraordinária beleza, que os turistas adquiriam e levavam, principalmente para a Inglaterra. Na Itália, o *poodle* é conhecido como *barbone*.

Uma terceira teoria, a mais lógica e aceitável, apurada por Deschambre, no entanto, é a de que a raça *poodle* é originária de um cão francês, o *barbet*, quase desaparecido, e cuja característica é o seu pêlo lanudo e crespo.

Na França, os *poodles* machos eram conhecidos como canes e as fêmeas, como caniche mas, atualmente, todos eles, machos e fêmeas são denominados *caniche*. Havia os *poodles* de pêlo encordoado (*poil cordés*) e os de pêlos crespos (*poil bouclés*). Nessa época, o corte leão era de uso generalizado, principalmente durante a famosa época do reinado do não menos famoso Luiz XV.

Além dos argumentos já mencionados em defesa da origem francesa do *poodle* ou caniche, parece que ele conservou o instinto caçador do seu ancestral francês, o *barbet*, que era um cão de água utilizado na caça e busca às aves, principalmente aos marrecos.

O nome francês *caniche*, dado a essa raça, não se origina da palavra latina *canis*, da qual vem o nome do gênero *Canis*, ao qual pertencem todos os cães, mas da palavra francesa *canard*, que significa marreco, a ave mais caçada por esses cães.

A palavra *poodle*, no entanto, vem do alemão *pudelin*, que significa "espalhador de água", porque ele, quando sai da água, para se secar mais rápido, dá uma forte "chacoalhada", espirrando água para todo lado.

1.2. HISTÓRIA - FATOS E DATAS

Passaremos, a seguir, a enumerar uma série de datas, de períodos e de alguns fatos e episódios interessantes relacionados com os *poodles*, e que concorrem para melhor conhecermos a sua história.

- 1524: A existência do *poodle* foi mencionada por Konrad von Gesner.
- 1544: Na cidade de Colmar, foi levantado um monumento de bronze em homenagem a um cão *poodle* que havia salvo a vida de seu dono, que lhe agradeceu dessa maneira, perpetuando-lhe a memória.
- 1551 a 1558 (mais ou menos): Foi escrita, pelo suíço Konrad von Gesner, a obra *Historie Animalum*, na qual é citado, pela primeira vez, um cão especializado na caça às aves, o *Canis aquaticus aviarium*. Mais tarde, em outro trabalho, o mesmo Konrad von Gesner informa que a parte traseira desse cão era tosquiada, para o cão se movimentar com maior facilidade.

- 1621: Em uma obra sobre caça na terra e na água, de Gervase Markham, encontramos uma ilustração mostrando como um cão de água deve ser tosquiado e o corte que aparece é um corte típico de um *poodle*, com a sua parte traseira do corpo tosquiada e uma juba de leão.
- 1642: Foi publicado o panfleto "Observações sobre o cão branco do Príncipe Rupert, chamado *Boy*", que foi outro *poodle* "herói", que lutou em guerras, ao lado do seu dono e que também morreu no campo de batalha (Marston Moor), em 1643.
- 1719: Em seu livro *O Perfeito Caçador Alemão* (*Der Vollkommem Deutsche Jäger*), Fleming descreve o *barbet*, o ancestral do *poodle*, como um cão de água.
- 1787: Nesse ano, Ludwig von Beethoven compôs uma "Elegia à morte de um *poodle*".
    - Shopenhauer possuía um *poodle* preto "Atma" e eram inseparáveis, como dois grandes amigos.
    - Goethe imortalizou o *poodle*, no "Fausto", pois é sob a forma de um *poodle*, que Mefistófeles aparece no palco.
- 1790: Na *História Natural para Jovens* (*Naturgeschichte für Jünglinge*), encontramos a seguinte referência: "Pudel (caniche) - *Canis aquaticus*. Pertence à ordem dos mamíferos carnívoros e ao gênero *Canis*. Tem uma cabeça forte e pêlo crespo. Entra de boa vontade na água, indo buscar objetos que foram jogados para lá e, principalmente, é o mais fiel de todos os cães.".
- 1800: Os *poodles* começam a ser importados pelos Estados Unidos, sendo que os primeiros o foram, em grande parte, da Inglaterra.
- 1812: O Imperador Napoleão possuía um *poodle*.
- 1827: Na *História Natural Ilustrada dos Mamíferos* (*Naturgeschichte und Abbildungen der Säugethiere*), encontramos uma gravura na qual aparece um *poodle* com outros cães de outras raças e cuja legenda é: "Quadro 40. Caniche. *Canis aquaticus*, Linn. Grand barbet. O trecho continua e dele daremos alguns "pedaços" "Caniche pequeno. *Canis minor*, Linn. O caniche é o mais inteligente de todos os cães e o que pode ser mais facilmente ensinado para todas as artes. Nenhum outro é mais fiel a seu dono. O caniche gosta de água e nada muito bem: é, portanto, ensinado com proveito, para a caça às aves aquáticas.".
- 1840: Em sua obra *Ensaio de uma Psicologia Animal completa* (*Versuch einer vollständigen Tierseelenkunde*), Peter Scheitlin escreve: "O cão mais perfeito

é o caniche. Todas as qualidades de modéstia e de bravura, que caracterizam o cão, se encontram nele reunidas: particularidades, originalidades genialidades. Nele tudo é psique. O caniche é bom por natureza. Quando é mau, é porque o homem o fez mau.".

- Século XIX: O interesse pela raça *poodle*, no entanto, diminuiu bastante, em determinada época, na segunda metade do século XIX mas, mesmo assim, o *poodle* continuou um cão muito popular e, com o correr dos tempos, o seu número foi aumentando, novamente.
- Atualmente, é a raça mais criada e os *poodles* são os cães mais numerosos, criados e mantidos pelo homem, em sua companhia.
- 1861: França. Meyrick afirmava que o *poodle* era o cão que acompanhava os desportistas e o descrevia como um cão de 30 a 36cm de altura, pêlo grosso e encaracolado e de cores branca ou preta, mas puras.
- 1874: Foram registrados os primeiros cães no *Livro de Registro Genealógico*, do *Kennel Club* Inglês, pouco tempo depois da sua fundação.
- 1883: O livro de registro genealógico do *The Kennel Club* separa os cães, pelo sexo.
- 1890: Nessa época, estavam na moda os *poodles* encordoados. "Achilles" foi o primeiro a receber o título de Campeão na Inglaterra do *The Kennel Club*, na exposição de Birminghan, a mais antiga desse país. Ele tinha 46cm de altura e seu pêlo media quase 60cm de comprimento. Por isso, as "cordas" de pêlos chegavam até ao chão. A cauda possuía "cordas" mais curtas e não um pompom, como nos *poodles* crespos;
- 1896: Fundado em Munique, na Alemanha, o "Clube do Caniche", que cresceu rapidamente, se espalhou por todo o país e, em 1902, mudou de nome, passando a chamar-se "Clube Alemão do Caniche".
- 1896: Foi fundado o "Clube do *Poodle* Americano" , mas que foi dissolvido em 1898.
- 1900: Diminuiu muito o interesse pelo *poodle*, nos Estados Unidos.
- 1902: Surgiu o primeiro *Livro Genealógico* da raça caniche e o seu preparador, Ferdinand Wirth, nele inscreveu, com o nº 1 "Champion Caro W II", um caniche preto de pêlo de cordão (encordoado).
- 1904: Essa Associação foi registrada, oficialmente, em 1904, tendo como objetivo promover a raça *poodle*.
    - O primeiro *standard* de toda a Europa, para o *poodle*, foi redigido no princípio do século atual, pelos fundadores do "Club do Caniche Alemão" em Munique e se aplicava ao *poodle comum*, que possuía 50 a 60cm de altura. O *poodle anão* não era enquadrado nesse *standard*.

- O *poodle* anão foi apurado pelos criadores do "Clube de Cães de Tiro", com sede em Berlim (Alemanha).
- No começo deste século, foi lançado o *Standard* para o *poodle* anão, que não passava de uma variedade, uma miniatura autêntica, do *poodle* comum, mas que media apenas 28 a 30cm de altura da cernelha.

- 1904: Nesse ano, a raça *poodle* foi dividida em cães encordoados e não encordoados (ou crespos), acima de 30cm.
- 1909: Fundado o "Cartel dos Clubes Especiais de Cães de Caça e Utilitários com manutenção de registros".
- 1910: Foram registrados os miniaturas.
- 1912: Pela primeira vez foram citados, pelo Clube Alemão do Caniche, 2 canís de caniches anões.
- 1912 a 1914: Foram iniciadas as negociações para a fundação da "Fédération Cynologic Internationale" (F.C.I.) que foi fundada em abril de 1914, pouco antes do início da 1ª Grande Guerra Mundial. Nessa época, foram catalogadas todas as raças de cães e, na medida do possível, elas foram sendo classificadas, de acordo com os seus países de origem.
    - Nessa época, o caniche (*poodle*) foi incluído como uma raça de origem francesa.
- 1914: A França se torna membro da F.C.I., na época da sua fundação.
- 1931: O Clube do *Poodle* Americano é reativado e se torna membro do American Kennel Club.
    - Como os ingleses vinham fazendo, também os americanos incentivavam a criação de *poodles* de todas as cores.
- 1932: É fundado o Clube Internacional do *Poodle*.
- 1936: Aprovado, por unanimidade, pelos membros da F.C.I., o "Standard do Caniche" preparado por Mlle. Madeleine Jeancourt Galignani que foi, durante muitos anos, presidente do "Clube do Caniche Francês".
    - Com o correr dos anos, esse *standard* vem sofrendo alterações: quanto ao *poodle* ou caniche grande, a sua altura máxima permitida no *Standard* de 1936, era de 60cm, mas baixou, depois para 55 e mais tarde foi permitida a de 58cm, pela F.C.I..
- 1940 a 1945: O Clube do *Poodle* esteve em recesso, devido à 2ª Grande Guerra Mundial.
    - Terminada a guerra, o Clube do *Poodle* Americano volta a funcionar.

- 1943: Somente neste ano, foram reconhecidos, nos Estados Unidos, os caniches "toy" como uma variedade do *poodle*.
- 1952: No dia 1º de janeiro, a F.C.I. decidiu baixar a altura máxima permitida para o *poodle*, para 55cm.
- 1957: O *The Kennel Club* reconhece o *poodle* toy como uma raça separada e com uma altura de, no máximo, 22cm, não podendo ultrapassar essa medida.
- 1957: Reconhecido na Inglaterra, o caniche "toy", como uma variedade do caniche. É o resultado do cruzamento com outras raças, e até hoje é necessário cuidado para evitar caracteres dessas raças.
    - O caniche pequeno é o mais divulgado, já havendo animais obtidos, desde os anos 20, na Alemanha, e que, no seu canil "Sirius", Flora Kalender apurava e selecionava durante 50 anos, até morrer, na década de 60;
- 1977: 1º de janeiro. A Fédération Cynologique Internationale aumenta a altura máxima do *poodle* grande, para 58cm. Estados Unidos e Inglaterra não adotaram esse *standard*.

1.3. O *POODLE* NO BRASIL

Não é conhecida a data ou época certa em que chegaram os primeiros *poodles* ao Brasil. Parece, segundo informações, que eles aqui aportaram há uns 100 anos, trazidos por estrangeiros, como seus animais de estimação ou companhia.

Mais tarde, alguns criadores começaram a fazer muitas importações e, atualmente, podemos encontrar milhares de *poodles* espalhados por todo Brasil, principalmente nos Estados de São Paulo, Rio de Janeiro e Rio Grande do Sul.

Foi fundado o primeiro clube da raça *poodle* do Brasil, o "Clube do *Poodle* do Rio de Janeiro" que, em 1980 realizou 2 exposições especializadas com o comparecimento de 50 *poodles* em cada uma delas.

1.4. OFERTAS DE *POODLES*

Por ser grande a preferência pelos *poodles*, no Brasil, o seu número é cada vez maior, como o é , também, o número de criadores dessa raça. Por esse motivo, também a oferta desses extraordinários cães é a maior, comparada com as ofertas de cães das outras raças.

Para comprovar essa nossa afirmação, apresentamos os dados que obtivemos de fins de 1993 a setembro de 1994, em pesquisas por nós realizadas sobre anúncios de ofertas de cães de todas as raças, publicados no diário de maior circulação de São Paulo.

Em um total de 4.419 anúncios, 1.116 eram oferecendo *poodles*, o que, realmente, é um número bastante expressivo.

O número de *poodles* vem aumentando cada vez mais, e de maneira muito rápida, no Brasil, bastando mencionar que, em 1993 foi a raça que alcançou o maior número, com 15.236 registros de animais. Esse sucesso, no entanto, não é só em nosso país. Em 1993 foi a 3ª raça mais criada na França e a 6ª nos Estados Unidos, com 67.850 cães registrados.

1.5. NÚMERO DE *POODLES* REGISTRADOS NO BRASIL

Tipo	Ano					
	1976	1977	1978	1979	1980	1993
Anão	262	601	483	729	590	
Miniatura	383	501	408	533	513	
Médio	115	115	125	186	117	
Grande	105	25	54	26	38	
Total	865	1.242	1.070	1.474	1.258	15.236

Poodle Branco - Filhote com 7 meses de idade - Canil Macoes
Propriedade de Elizabeth Coe - São Paulo

CAPÍTULO 2
A RAÇA

2.1. A INTELIGÊNCIA DO *POODLE*

O *poodle* é considerado o cão mais inteligente que existe. Possui um cérebro cujo tamanho e cuja conformação indicam que ele apresenta um elevado grau de inteligência, superior ao dos cães de todas as outras raças.

Cremos não haver dúvidas a esse respeito porque, em 1987, a revista francesa *"30 Millions D'AMIS"* publicou os resultados de pesquisas realizadas para verificar o grau ou nível médio de inteligência de diversas raças de cães e, por esses estudos, ficou evidenciado que a raça que obteve os melhores resultados, foi a raça *poodle*, que atingiu um Q.I. (quociente médio de inteligência) de 8,4 o que é, realmente, extraordinário. Stanley Coren, psicólogo e treinador de cães, no entanto, classifica o *poodle* em 2º lugar na escala de inteligência, colocando, em 1º lugar, como cão mais inteligente, o Border Collie.

Além disso, o *poodle* apresenta uma série de boas e grandes qualidades, entre as quais podemos mencionar: é sociável; de bom temperamento; dócil; bom caráter; grande capacidade de observação e de compreensão dos comandos; é vivo, alegre, brincalhão, meigo, afetuoso, obediente, paciente, forte e resistente; é audaz; sempre de bom humor; é um cão muito limpo; é um ótimo *retriever*, isto é, um cão de caça que depois de abatida a caça, em geral uma ave, ele a vai buscar e traz para o caçador, fazendo o mesmo com os objetos que lhe mandam buscar; tem um ótimo faro, muito apurado; olhos sempre atentos, nada lhe escapando; satisfaz, com prazer e alegria, os desejos do seu dono, etc.

Além disso, compreende e assimila, com facilidade e rapidez, o que lhe é ensinado, como o comprovaremos com a "historinha" a seguir.

2.2. O *POODLE* APRENDE RÁPIDO

"Lili", por exemplo, uma pequena cadelinha, *poodle*, de 2 anos de idade gosta muito de brincar, com um certo "paninho", desde o primeiro dia em que o encontrou no chão e que, com ele, ficou brincando. Esse pano é colocado, sempre, sobre um armário pequeno e bem baixo, mas que não permite que a Lili alcance o seu "brinquedo". Por isso, quando quer brincar com ele, ela fica parada em frente ao armário e olhando para cima, até que alguém pegue o paninho e o jogue para ela.

Certo dia, ela parava em frente ao armário, esperava o pano, mas nada! Aí então, uma pessoa da casa a pegou e a colocou sobre uma cesta de vime que fica, sempre ao lado do armário, mas que é mais baixa do que ele, levantou as patas da cachorrinha e as colocou sobre a borda superior do armário, ficando ela de pé sobre as patas traseiras e, dessa maneira, alcançou o pano, com facilidade, o abocanhou e desceu da cesta, indo brincar.

Na mesma hora, a pessoa tomou-lhe o pano e o recolocou sobre o armário, no mesmo lugar em que ele estava, saiu de perto e depois falou: "pode pegar". Imediatamente, a cadelinha correu, saltou para cima da cesta, ficou de pé apoiando-se na borda do armário, pegou o pano, desceu e foi brincar.

Bastou, portanto, ensinar uma única vez, como pegar o pano e a cadelinha aprendeu, imediatamente, o que é impressionante, mostrando com que rapidez o *poodle* aprende as coisas.

O *poodle*, realmente, aprende a fazer tudo, sem aparentar nenhum esforço sendo, por isso, um ótimo artista. Não é por outro motivo que é encontrado trabalhando, como artista, em tudo que é circo e teatro, imitando, aprendendo ou inventando uma série de truques e de palhaçadas; dança, dá saltos mortais, vira cambalhotas, anda sobre bolas, monta a cavalo, "planta bananeira", anda de cabeça para baixo, sobre as patas dianteiras, ou "de pé", sobre as patas traseiras, etc.. Quem ainda não viu *poodles* se exibindo nos mais diversos espetáculos?

Parece que ele tem plena consciência da sua elegância e da sua beleza. A sua maneira de ser o diferencia dos outros cães, porque ele é diferente, inconfundível, mesmo.

Faz normalmente, amizade com outros cães, mas não admite "liberdades". Ele pode ser reservado com estranhos ou até mostrar-se desinteressado em relação a seus semelhantes mas, na realidade, é capaz de manter grandes amizades com outros cães.

O *poodle* caracteriza-se pela sua elegância, pela harmonia dos seus movimentos e, por ser muito alegre, gosta muito de brincar. Mesmo depois de velho, é amigo de todos.

Em um desfile, em uma exposição ou em um simples passeio faz, sempre, um grande sucesso.

Quando necessário, mostra que é, também, um cão de muita coragem, enfrentando grandes perigos para se defender ou para defender os seus amigos humanos. Não é considerado um cão de guarda, mas coragem é o que não lhe falta, como podemos comprovar pela "história" a seguir.

2.3. UM *POODLE* HERÓI DE GUERRA

Moustache, um cão que nasceu em 1800 na Normandia, é um exemplo de que o *poodle*, além de muito inteligente é, também, muito corajoso ou valente, como o comprova a história da vida desse fabuloso cão que lutou pela sua pátria, a França.

Ele era muito novo, ainda, quando se juntou a um regimento, ou melhor, "entrou" para um regimento de granadeiros franceses. "Lutou" nas batalhas de Marengo e de Austerlitz. Salvou o seu regimento de uma grande derrota, quando os austríacos, que iam fazer um ataque de surpresa, foram vencidos pelos franceses, que já os esperavam, avisados por esse extraordinário *poodle*, que aprendeu a "guerrear" sozinho, pois ninguém o ensinou.

Por salvar o seu regimento, ele foi condecorado com uma coleira especial e uma medalha e passou, também, como prêmio, a receber uma ração diária, correspondente à de um granadeiro.

Em outra batalha, a de Austerlitz, o soldado que levava a bandeira do seu regimento foi morto, mas Moustache pegou a bandeira, impulsionado por seus instintos ou sua inteligência e a levou, de volta, evitando que ela caísse nas mãos do inimigo salvando, assim, a honra do seu regimento.

Esse fabuloso cão morreu, em 1811, lutando na Espanha, na batalha de Badajoz. Foi enterrado no campo de batalha, com sua coleira e sua medalha e com todas as honras militares. No seu túmulo foi colocada a inscrição: *"Cit git le brave Moustache"* (*Aqui jaz o bravo Moustache*).

Seu túmulo foi destruído pelos espanhóis, no final da guerra.

Possuir um cão *poodle* significa ter um grande amigo. Ele faz tudo sem esforço. Nunca se cansa de demonstrar, todos os dias, ao homem, a sua imaginação rica, a sua alegria e a sua gentileza ou delicadeza e, principalmente, a sua grande amizade e a sua lealdade. Existe, até, um provérbio francês que bem o define: "fidele comme une caniche" (fiel como um caniche).

O *poodle* faz tudo, exceto falar, mas os seus olhos e gestos "falam e muito". Ele é, também, um grande companheiro para viagens pois, além de ser pequeno e fácil de transportar, tem um ótimo gênio, sendo muito bem recebido por onde passa.

Brownie - *Poolde* adulto macho miniatura - Idade 4,5 anos
Canil Okland - Prop. Isabel Pernanbuco Salim - Foto Lionel Falcon.

Capítulo 3

Exterior do Poodle

3.1. TAMANHOS E CORES DOS POODLES

Existem, oficialmente, *poodles* de 4 tamanhos:

1. ***Poodle* grande**, de 45 a 58cm de altura da cernelha. Possui as mesmas características do *poodle* médio.
2. ***Poodle* médio**, com 35 a 45cm de altura da cernelha.
3. ***Poodle* pequeno ou miniatura**, medindo de 28 a 35cm de altura, na cernelha. Deve parecer um *poodle* médio reduzido, com todas as suas características.
4. ***Poodle* toy ou anão,** com menos de 28cm de altura na cernelha. A altura ideal seria de 25cm. Deve possuir as características do *poodle* miniatura, de acordo com o padrão da raça *poodle*. Não é permitida qualquer característica de nanismo (de anão), exceto a crista ocipital, que pode ser menos acentuada.

3.2. OS MICRO-TOYS

Assim chamados pelos criadores, que vêm orientando suas criações com o objetivo de obterem toys menores do que o tamanho ideal ditado pelo padrão oficial da raça *poodle* e que é de 25cm de altura na cernelha. Esses criadores vêm obtendo cães que, quando adultos, atingem no máximo, 22cm de altura na cernelha. São muito apreciados porque, realmente são lindos, delicados,meigos e inteligentes, além de fáceis de serem carregados e cuidados, inclusive em viagens.

Justamente pelo seu pequeno tamanho, esses micro-toys apresentam alguns problemas, entre os quais o de terem os ossos muito "finos" e fracos, fraturando-se com muito maior facilidade do que nos cães maiores do que eles, fazendo com que pequenas quedas, batidas ou choques se transformem em graves ferimentos ou fraturas e com sérias conseqüências, como traumatismos cranianos.

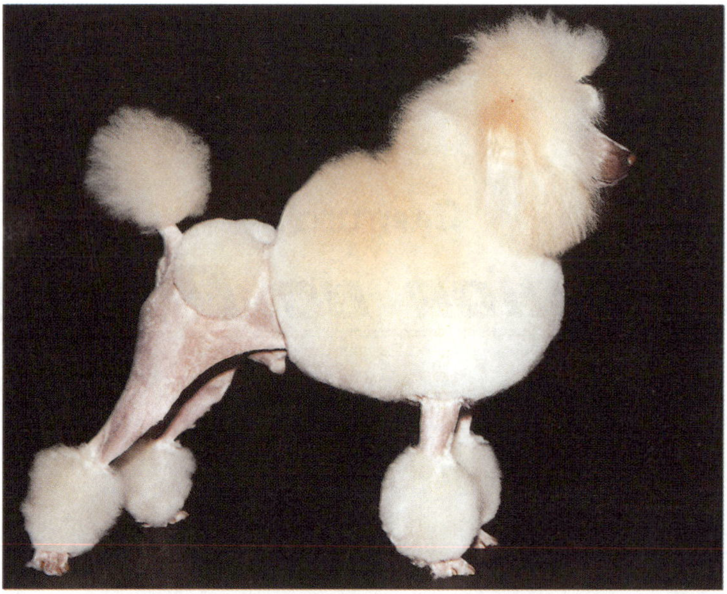

Brad Pitt - *Poodle* branco adulto - Canil N AND T'S
Propriedade de Maria Cecília Pernambuco - foto Lionel Falcon

Outro problema sério é que a "moleira" de alguns micro-toys não se fecha aos 4 meses de idade como ocorre, normalmente, ficando o cão com parte da cabeça muito fraca e vulnerável, fazendo com que qualquer pancada nesse local faça o animal ficar tonto, desmaiar e até morrer.

Além disso, como nem sempre os acasalamentos são bem controlados e o emprego da consangüinidade não é dirigido satisfatoriamente, aparecem problemas genéticos, não sendo possível saber de que tamanho ficarão os filhotes de uma ninhada, até que atinjam mais ou menos 4 meses de idade. Outros e graves problemas podem surgir, também, causados principalmente por fatores genéticos, pois a consangüinidade é uma faca de dois gumes: tanto soma as "virtudes" quanto os defeitos.

3.3. AS CORES DOS *POODLES* E SUAS CARACTERÍSTICAS

3.3.1. Pêlo

As cores reconhecidas oficialmente, pelos padrões da raça *poodle*, são 5 (cinco): branca; preta; marrom; cinza e abricó. Todas elas devem ser cores firmes e são aceitas nos *poodles* de todos os tamanhos;

Branca - É a mais comum e deve ser bem pura.

Preta - O manto do cão deve ser de um preto puro, sem manchas.

Marrom - Deve ser uniforme, bem definida, bem pura e bem escura. As suas tonalidades não devem chegar ao bege e nem aos seus derivados claros. Não deve, também, chegar ao marrom escuro, quase preto ou azulado, denominado "cor de beringela".

Cinza ou **Prateado** - Deve ser uniforme e suas tonalidades não devem chegar nem ao preto nem ao branco.

Abricó - Sua tonalidade deve ser uniforme, não tendendo para o bege, o creme, o vermelho ou o castanho avermelhado, e nem para o marrom e seus derivados.

Importante é que todas as cores sejam uniformes e sem manchas ou pintas de outras cores.

3.3.2. As Cores do Nariz

Devem ser as seguintes:

- *Poodle* branco, preto ou cinza: deve ter o nariz preto.
- *Poodle* marrom: seu nariz deve ser, também, marrom.
- *Poodle* abricó: pode ter o nariz de todas as tonalidades do marrom escuro, podendo chegar até ao preto, embora essa última cor não seja desejada, mas somente aceita, para evitar uma possível despigmentação.

3.3.3. Tipos de Pêlos

Os *poodles* podem apresentar os seguintes:

1. **Crespo** ou **lanudo**: grosso; denso; abundante; bem crespo; elástico; resistente; de textura fina; de comprimento uniforme; bastante espesso e formando cachos iguais e resistentes à pressão da mão sobre o corpo do animal. Pêlos duros, com aparência de crina, não são desejados.
2. **Encordoado, em cordão** ou **em cordéis**: que são típicos; lanudos; abundantes; do mesmo comprimento; de textura fina; longos, com no mínimo, 20cm e que, quanto mais compridos, mais apreciados.

Para obter o pêlo cordão é necessário torcer os pêlos mortos, juntamente com os vivos, para formar os cordões de consistência regular e a grossura ou espessura de uma palha. Esses cordões podem chegar até às patas ou até ao chão.

Para obter um penteado cordão perfeito, são necessários, pelo menos 2 anos. O penteado de pêlo lanudo, no entanto, é obtido aparando os pêlos do cão e o penteando.

Os cordõezinhos existentes dos lados da cabeça podem ser sustentados ou "amarrados" acima das orelhas. Os cordõezinhos ou pêlos do corpo, no entanto, devem ser penteados ou escovados para ambos os lados do corpo, para que o cão fique com melhor aparência e não pareça estar despenteado ou "desgrenhado", o que causa má impressão e desvaloriza o animal.

3.3.4. Cor dos Olhos

Os olhos podem ser **pretos** ou **marrons bem escuros**, nos *poodles* pretos, brancos, cinzas ou abricós e **âmbar escuro**, nos *poodles* marrons.

3.3.5. Pele

A pele dos *poodles* deve ser lisa, firme, delicada e pigmentada, mas não frouxa. Os *poodles* pretos, cinzas ou castanhos devem ter a pigmentação de acordo com a cor dos seus pêlos. Os de pêlos brancos devem ter a pele clara e o objetivo é obtê-la cor de prata.

Existem *poodles* brancos que possuem a pele clara com manchas espalhadas por todo o corpo e não somente nas suas partes internas, o que é relativamente comum.

3.3.6. Unhas

São pretas nos *poodles* pretos e cinzas e pretas ou marrons, nos *poodles* marrons. Nos brancos, elas podem ter pigmentos de todas as cores, até à preta. As unhas brancas são consideradas defeitos. Nos *poodles* abricós podem ser do castanho escuro até o preto, embora esta última seja apenas aceita mas não desejada.

3.4. O CORPO E SUAS PARTES

3.4.1. A Cabeça

É na cabeça (crânio e face), que estão localizados todos os órgãos dos sentidos. Nela, os cães revelam suas sensações e expressões e, por esse motivo, ela pode revelar o caráter desses animais.

As características da cabeça variam, não só de raça para raça, mas também de indivíduo para indivíduo.

Os *poodles* possuem uma cabeça bem conformada, elegante, distinta do pescoço, com o perfil retilíneo e com uma pequena protuberância do ocipital. Ela não é nem pesada nem fina demais, embora um tanto alongada. É proporcional ao tamanho do cão e o seu comprimento deve ser um pouco maior do que 2/5 da altura da sua cernelha. Suas linhas são bem acentuadas e, por isso, os contornos do crânio aparecem bem nítidos sob a sua pele.

Suas partes mais importantes são:

- **focinho**: que apresenta um aspecto elegante, forte mas não pontudo ou afilado; seu perfil superior é retilíneo; as partes inferiores delimitadas pelo maxilar inferior devem ter as suas partes laterais quase paralelas e são elas que definem a linha inferior do focinho e não as bordas inferiores do lábio superior. O comprimento do focinho deve ser de 9/10 da parte superior do crânio;
- **nariz**: Possui um perfil com linha vertical, pronunciado e bem desenvolvido; narinas abertas; é preto nos *poodles* pretos, brancos e prateados; escuro nos *poodles* abricós, sendo admitido até o preto e o castanho, nos *poodles* castanhos;
- **boca**: pela qual penetram os alimentos no organismo do cão;
- **lábios**: pouco desenvolvidos, não muito grossos e um pouco secos. O lábio inferior é firme e o superior nele se apoia sem ficar caído, como em outras raças. Sua cor varia. Devem ser pretos, nos *poodles* brancos, pretos e cinzas; pigmentados, nos castanhos; de todos os tons de castanho-escuro, nos *poodles* abricós e podem ser até pretos, pois essa cor é admitida;
- **maxilares**: São articulados normalmente e bem adaptados um ao outro, tendo dentes brancos e bem fortes neles implantados:
- **stop**: pouco marcado, próprio dos cães mesolíneos (de linhas médias);
- **crânio**: bem conformado. Sua largura é menor do que a metade do comprimento da cabeça. As direções dos eixos formam um ângulo áxio-facial de 17° a 19°, sendo os eixos do comprimento bem definidos. Visto de acima, o crânio é oval no sentido do seu comprimento, enquanto que o perfil lateral é um pouco convexo. Os arcos superciliares são ligeiramente salientes e recobertos por pêlos longos. O sulco frontal, entre os olhos, é largo e vai diminuindo em amplitude, em direção à ponta do ocipital muito acentuada nos *poodles* maiores, mas que pode ser menos acentuada nos *poodles* anões;
- **testa**: um pouco acentuada e coberta por pêlos longos;
- **olhos**: brilhantes, muito expressivos, vivos e ardentes, apresentando, até, "um ar de inteligência" ou um grande interesse por tudo ao seu redor; localizam-se perto do fim da testa, na altura do "stop" e são ligeiramente oblíquos ou amendoados; podem ser pretos ou castanhos-escuros, nos *poodles* pretos, brancos, prateados ou abricós; nos *poodles* castanhos, eles podem ser cor de âmbar escuro;

- **face**: é pouco saliente, sendo aderente aos ossos que a modelam, como os malares, também pouco salientes. A conformação anatômica da face baseia-se, principalmente, nos músculos da mastigação que, nos *poodles*, são pouco desenvolvidos; arcadas zigomáticas muito pouco marcadas;
- **orelhas**: são implantadas na cabeça, na altura do prolongamento de uma linha imaginária que parte de cima do nariz e que passa por baixo do canto externo do olho. São muito compridas e caídas sobre as faces. São planas ou achatadas e vão se alargando da inserção para a sua extremidade, que é arredondada. São cobertas por pêlos muito compridos e ondulados. A largura das suas orelhas deve ser suficiente para que a sua borda anterior atinja o canto da boca do animal;
- **pescoço**: deve ser forte, de comprimento médio e menor do que o da cabeça; bem proporcionado; de secção oval; ligeiramente arqueado na nuca; não possui barbela ou pregas na pele, que deve ser bem aderida a ele; deve manter a cabeça levantada, "fazendo pose", parecendo demonstrar orgulho.

Dois *poodles* machos adultos, pai e filho: *Val Kilmer* e *Brad Pitt* – Canil N AND T'S Propriedade de *Maria Cecilia Pernambuco* - Foto de *Lionel Falcon*.

3.4.2. O Tronco

Sua aparência geral é harmoniosa e revela um cão bem proporcionado. Quanto às outras características principais do seu tronco, temos:

- **comprimento**: um pouco maior do que a altura da sua cernelha;
- **peito**: profundo, normal no seu desenvolvimento, um pouco largo, com a ponta do externo ligeiramente saliente e situada muito alta, dando ao poodle, um porte elegante, leve e até nobre, pela postura elevada da sua cabeça;
- **tórax**: baixo, até à altura do cotovelo, onde sua largura deve ser de 2/3 da sua altura, medida da coluna vertebral até o externo;
- **perímetro torácico**: de grande importância, porque dele depende a capacidade respiratória do animal. Deve ser medido atrás das omoplatas e deve ter mais 10cm do que a altura da cernelha (altura do cão);
- **costelas**: são achatadas, arredondadas e bem arqueadas, formando uma grade mais larga na parte das costas;
- **dorso**: forte, curto e formando uma linha harmoniosa e um pouco arqueada;
- **lombo**: é forte, largo, musculoso e com a linha em continuação com a do seu dorso. A altura da garupa deve ser mais ou menos, a mesma que a da altura da cernelha;
- **região renal**: forte e musculosa;
- **ventre ou barriga e flancos**: São arqueados mas não tão encolhidos como os das lebres ou dos galgos;
- **garupa**: arredondada mas não caída;
- **cauda**: inserção bem alta, ficando a nível da linha do lombo. Nos poodles de pêlo crespo, ela deve ser cortada, ficando só com a metade (1/2) ou a terça parte (1/3) do seu comprimento original. Uma cauda comprida e bem implantada, no entanto, não é defeito. Nos poodles de pêlos compridos, encordoados ou de pêlo de cordão, não há necessidade de corte da cauda. Quando o poodle está em ação, a sua cauda fica levantada na posição oblíqua e alta em relação ao seu corpo. Não pode ser enrolada ou caída sobre o corpo.

3.4.3. Os Membros

Anteriores: Passaremos a analisar as suas partes, como se segue:

- **ombros, espáduas e braços**: A cernelha é pouco desenvolvida e os membros são fortes, musculosos e oblíquos. A omoplata forma um ângulo de 90 a 110 graus com o braço. O comprimento do osso do braço (úmero) deve ser o mesmo que o da omoplata;

Okland Kauê - *Poodle* preto miniatura - 1 ano de idade - Canil N AND T'S - Propriedade de Maria Izabel Pernambuco - Foto Lionel Falcon.

- **antebraços**: As pernas são retas, paralelas, muito musculosas e elegantes. A altura do chão ao cotovelo é de 5/9 da altura do chão à cernelha;
- **carpos**: Ficam localizados em continuação à linha anterior do antebraço;
- **metacarpos**: Resistentes mas não pesados, são quase retos; arqueados; compactos; tendinosos; com uma membrana natatória como os palmípedes e apoiados em solas grossas e duras.
- **unhas**: ver item 3.3.6.

Posteriores: Vistos por trás, são paralelos e com músculos bem desenvolvidos e fortes. As curvas dos joelhos são bem acentuadas.

- **coxas**: muito fortes, musculosas e bem desenvolvidas;
- **tarso e metatarso**: verticais. O *poodle* não deve ter o dedo extra ou "dedo de lobo", "unha de lobo" ou "esporão". A ligação com o jarrete é bem saliente.
- **pés**: Como as mãos, também eles são pequenos, fechados, e tendo o formato oval. Os dedos são compactos, bem arqueados, tendinosos e apoiados na sua região plantar ou "sola dos pés", que é grossa e dura;
- **unhas**: Podem ser das mesmas cores que as unhas das mãos.

3.5. DEFEITOS

Entre os defeitos ou faltas que os *poodles* podem apresentar, temos os que se seguem: focinho fino demais ou pontudo; trufa pequena com narinas pouco abertas ou grandes demais; stop muito pronunciado ou ausente; leve enognatismo; prognatismo inferior; dentes mal dispostos; falta de dentes; orelhas muito curtas, muito estreitas ou dobradas; nariz claro por pigmentação insuficiente; olhos muito grandes ou muito pequenos, com reflexos avermelhados ou insuficientemente escuros; garupa caída; membros posteriores retos demais; cão pernalta; cauda curvada ou virada no dorso ou de inserção baixa; pêlo desbotado ou esbranquiçado; uma cor invasora.

Apresentamos, a seguir, alguns defeitos graves e que desclassificam os cães: cão muito nervoso, agressivo ou mordedor; monorquidismo (o cão tem 1 só testículo aparente, na bolsa escrotal); criptorquidismo (o cão não tem 2 testículos aparentes, na bolsa escrotal); ausência de cauda (anurismo); pés virados para dentro ou para fora; unhas de lobo (ergots), mesmo que sejam rudimentares; sintomas de nanismo; manchas brancas ou pêlos brancos nas patas; pelagem ou manto não uniformes e tosagens fora dos padrões, que desclassificam para exposições, mas não para a reprodução.

3.6. ANDAR OU ANDADURA

O *poodle* possui um andar leve e elegante e que não deve ser ligeiro, apressado ou de passos largos ou longos.

3.7. TOSQUIA OU CORTES

O *poodle* pode ser apresentado nos seguintes cortes: filhote; leão; sela inglesa; continental, que é um corte tradicional e tosa moderna.

Um *poodle* com outro tipo de corte deve ser desqualificado. O corte mais antigo é o famoso "corte leão".

***Poodle* com até 1 ano**: Pode ser apresentado no corte "filhote" ou "carneirinho", com o pêlo longo. São raspados a cara, a garganta, os pés e a base da cauda. O pé, todo raspado, fica visível. Deve ser deixado um pompom no final da cauda. É permitido fazer um leve contorno na pelagem, embora não seja admitido um *poodle* no corte "filhote", excessivamente aparado;

***Poodle* com 1 ano ou mais**: Deve ser apresentado no corte "sela inglesa", no qual a cara, a garganta, os pés, os dianteiros e a base da cauda são raspados. Devem ser deixadas borlas nos dianteiros e um pompom na ponta da cauda. Os posteriores são cobertos por um manto curto de pêlos, exceto em uma área curva raspada em cada flanco e 2 faixas raspadas em cada membro traseiro. São visíveis o pé todo raspado e uma parte da perna raspada acima da borla.

O restante do corpo fica coberto por um manto cujos pêlos devem ser aparados, para assegurar um equilíbrio ao conjunto.

Corte continental: Nesse tipo de corte, a cara, a garganta, os pés e a base da cauda são raspados; os traseiros são raspados, mas com pompons (que são opcionais), nos ilíacos; pernas raspadas, sendo deixados braceletes nas traseiras e borlas nas dianteiras; deixar um pompom no final da cauda. São visíveis todo o pé raspado e a parte da perna raspada acima da borla.

O restante do corpo fica com uma pelagem profusa e que pode ser aparada para manter um certo balanço no conjunto.

Em todos os tipos de corte, porém, o topete pode ser preso por um elástico ou uma travessa. O tamanho ou comprimento dos pêlos é calculado para que os *poodles* apresentem uma silhueta delicada e não devem ser compridos demais.

Existem, também, os seguintes cortes: de verão ou arlequim; o holandês ou papillon (borboleta): o Karakul e o corte de canil.

Pup Clip - é um corte de filhote

Royal Dutch Clip ou Papion ou Caracu

Leão, mais para exposição - corte padrão

Leão

Lamp Clip - tosa com lâmina alta

Sela Inglesa - corte padrão para exposição

Exemplos de tosquias e cortes.

Poodle adulto cinza
Shining Star Kennel
Propriedade de
Eduarda Coutinho
São Paulo.

Capítulo 4

Padrão Oficial da Raça

Para a sua maior divulgação e para facilitar as pessoas que criam *poodles* ou que só os possuem, e as que desejam dele tomar conhecimento, apresentamos o *Padrão Oficial da Raça Poodle*, atualmente em vigor em todo o Brasil e reconhecido pela *Confederação Brasileira de Cinofilia*, filiada à *Fédération Cynologique Internacionale* (FCI).

Padrão Oficial da Raça Poodle	
País de origem:	*Nome no país de origem*
França	Grand Caniche
	Caniche Moyen
	Caniche Nain
	Caniche Minatura (Toy)

4.1. APARÊNCIA GERAL - APTIDÕES

Atributos determinantes da raça: classificado entre os cães de companhia e utilidade. Cão de tipo harmonioso, mediolíneo, com pelagem frisada, "cacheada" ou "encordoada". Aspecto de um animal inteligente, constantemente em alerta, ativo harmonioso e dando impressão de elegância e dignidade. O *Poodle* apresenta uma andatura saltitante e leve. Jamais deve ostentar uma movimentação deslizante e de alcance. Famoso por sua fidelidade, o *Poodle* é um cão de aprendizado fácil, respondendo bem ao adestramento, o que o torna um cão de companhia particularmente agradável.

4.2. CABEÇA

Bem marcada, retilínea, proporcional ao corpo. Seu comprimento deve ser um pouco maior do que 2/5 da altura do cão na cernelha. Jamais pesada, também não deve ser exageradamente refinada. O cinzelamento deve aparecer por baixo da pele que a recobre.

Nariz (trufa): acentuado e desenvolvido, com perfil vertical; narinas abertas. Nariz preto nos exemplares pretos, brancos e cinzas; marrom nos exemplares marrons; nos exemplares abricós, colorida em toda a gama do marrom escuro, podendo chegar ao preto, ainda que essa última cor não seja preferida mas apenas aceita para evitar uma possível despigmentação.

Focinho: perfil superior retilíneo, com comprimento de aproximadamente 9/10 do crânio. As duas partes do maxilar inferior se alinham quase paralelamente. O aspecto do focinho é sólido, elegante, mas não pontudo. A linha inferior do focinho é formada pela mandíbula e não pela comissura labial superior.

Lábios: ligeiramente desenvolvidos, de preferência secos, de espessura média. O lábio superior pousa sobre o inferior, sem ultrapassá-lo. Devem ser pretos nos exemplares pretos, brancos e cinzas; pigmentados nos marrons; nos exemplares abricós, coloridos em toda a gama do marrom escuro, podendo chegar até ao preto, ainda que essa última cor não seja preferida mas apenas aceita. As comissuras labiais não devem ser evidentes.

Maxilares: normalmente adaptados, dentes sólidos. A falta de um dos dois últimos molares não será penalizada no julgamento ou na seleção.

Faces: não salientes, moldando-se ao osso. Arcadas sub-orbitais cinzeladas e rasas. Os masséteres, base anatômica das faces, devem ser poucos desenvolvidos e as arcadas zigomáticas bem pouco marcadas.

Stop: muito levemente marcado, como cão mediolíneo.

Crânio: bem cinzelado, de largura menor do que a metade do comprimento da cabeça (direção dos eixos formando um ângulo axio-facial da ordem 16° a 19°). Visto de cima, o conjunto do crânio dá aparência de oval, enquanto que de perfil, é ligeiramente convexo. Os eixos longitudinais são ligeiramente divergentes.

Arcadas superciliares: moderadamente salientes, cobertas de pêlos longos.

Sulco frontal: largo entre os olhos, estreitando-se em direção ao ocipital, que é bem marcado (nos *poodles* Toy pode ser menos saliente).

Olhos: de expressão ardente, situados na altura do stop e ligeiramente oblíquos. A linha das pálpebras dá aos olhos o formato amendoado. Pretos ou marrons bem escuros para os *poodles* pretos, brancos, cinzas ou abricós. Nos exemplares marrons, os olhos podem ser âmbar escuro.

Orelhas: bem compridas, caídas ao longo das faces, implantadas no prolongamento de uma linha traçada da parte superior do nariz, passando sob a ponta externa do olho. Chatas, as orelhas se alargam depois da implantação e devem ser arredondadas nas extremidades, recobertas de pêlos ondulados e bem compridos. O *Poodle* cuja orelha não alcança a comissura labial não poderá obter a qualificação "excelente".

Pescoço: sólido, ligeiramente arqueado após a nuca, de comprimento médio, bem proporcionado, a cabeça portada é alta e altiva. Ausência de barbela. Pescoço de secção oval, com comprimento inferior ao da cabeça.

4.3. MEMBROS ANTERIORES

Ombros e braços: cernelha moderadamente desenvolvida. Ombros oblíquos, musculosos. Angulação escápulo-umeral de 90° a 110°. O comprimento do úmero equivale ao da omoplata.

Antebraços: patas dianteiras perfeitamente retas e paralelas, elegantes, bem musculadas e com bons ossos. Altura do cotovelo ao solo equivale a 5/9 da altura da cernelha ao chão.

Carpos: em seqüência à linha anterior do antebraço.

Metacarpos: sólidos, sem serem pesados e quase retos vistos de perfil.

Pés: de preferência pequenos, compactos, ovalados. Os dedos são bem arqueados, crispados nervosamente, compactos, bem ligados, repousando o prumo sobre almofadas duras e espessas. As unhas são pretas nos exemplares pretos e cinzas; pretas ou marrons nos exemplares marrons; nos brancos, as unhas podem ser coloridas em toda a gama córnea, podendo chegar ao preto e devem corresponder à pigmentação. As unhas brancas são consideradas defeito. Nos abricós, devem ser coloridas em toda a gama do marrom escuro podendo chegar até ao preto, ainda que essa última cor não seja preferida, mas apenas aceita.

4.4. MEMBROS POSTERIORES

Coxas: bem musculosas e fortes.

Pernas: vistas de trás, as patas posteriores devem ser paralelas, musculadas e bem evidentes. A ligação com o jarrete é bem saliente. As angulações coxofemural, tíbia-femural e tíbia-tarso devem ser acentuadas a fim de evitar um conjunto reto que, por vezes, provoca uma indesejável garupa inclinada.

Tarso e metatarso: verticais. O *poodle* deve nascer sem ergots nas patas posteriores.

Pés: ver membros anteriores.

4.5. CORPO

A estrutura dos *Poodles* é, na aparência geral, de boas proporções, o comprimento do corpo ultrapassando, geralmente, a altura na cernelha.

Antepeito: normal, próprio de um cão mediolíneo. A extremidade do esterno deve ser ligeiramente saliente e situada alta o suficiente para dar à cabeça, um porte mais alto, mais fácil e mais nobre.

Peito: descido até à altura dos cotovelos, sua largura corresponde a 2/3 da altura (da coluna vertebral ao esterno). O perímetro torácico, medido por trás das omoplatas, deve exceder em pelo menos 10cm a altura da cernelha.

Costelas: ovaladas, caixa torácica larga na parte dorsal.

Dorso: de linha harmoniosa, curto. Não deve ser nem selado nem carpeado. A altura do chão à cernelha é, praticamente, igual à do chão à garupa.

Lombo: firme e musculoso.

Ventre e flancos: linha inferior ascendente, sem esgalgamento.

Garupa: arredondada, sem ser caída.

Cauda: inserção bem alta, na altura da linha do lombo. Deve ser reduzida a um terço, o mais próximo do corpo, ou à metade de seu comprimento natural, no caso dos *Poodles* cacheados. Contudo, uma cauda longa e bem portada não constitui falta. Nos *poodles* encordoados pode permanecer em seu comprimento natural. A cauda, em movimento, é portada obliquamente.

4.6. PELAGEM

Cor: *Poodles* de pêlo cacheado ou encordoado: preto, branco, marrom, cinza e abricó.

A) *Marrom*

Deve ser puro, bem escuro e bem definido. As gradações na cor marrom não devem atingir o bege nem seus derivados claros. A pelagem não deve alcançar marrom escuro, quase preto, a chamada cor de beringela.

B) *Cinza*

Deve ser uniforme. As gradações da tonalidade cinza não devem atingir nem o preto nem o branco.

C) *Abricó*

Deve ser de tonalidade uniforme, sem puxar para o bege ou o creme nem o vermelho ou o marrom avermelhado nem chegar ao marrom ou seus derivados.

Tosa "leão": o *poodle*, cacheado ou encordoado, será tosado no trem traseiro até o lombo. Serão igualmente tosados: o focinho, em cima e em baixo a partir das pálpebras inferiores; as faces, as patas anteriores e posteriores, deixando pompons ou braceletes e motivos facultativos no trem traseiro; a cauda, deixando-se um pompom no final, redondo ou oblongo. O bigode é aconselhável para todos os exemplares. Admite-se manter a pelagem, os chamados "calções", nos membros anteriores.

Tosa moderna: admite-se a conservação da pelagem dos quatro membros desde que as normas seguintes sejam expressamente respeitadas:

1. *Serão tosados:*

a) a parte inferior dos membros anteriores, das unhas até à linha dos *ergots* e a parte inferior dos posteriores, até uma altura equivalente. Admite-se o uso da máquina, limitado aos dedos;

b) a cabeça e a cauda, conforme o descrito anteriormente. Serão, excepcionalmente, admitidos neste corte:

- a presença, sob o maxilar inferior, de uma pelagem curta não ultrapassando um centímetro de espessura e cuja linha inferior deverá ser cortada paralelamente ao maxilar: Não se admite a chamada "barba de bode";
- a supressão do pompom da cauda (mas isto diminuirá um pouco o coefiente "textura do pêlo").

2. *Pelagem aparada:*

No corpo, de forma a apresentar na linha dorsal um acabamento *astrakan* de cerca de um centímetro. O comprimento da pelagem aumenta progressivamente em volta dos ombros e no alto dos membros.

3. *Pelagem regulamentar:*

a) na cabeça, conferindo o aspecto de um capacete de altura razoável, assim como no pescoço, descendo atrás até à cernelha e na frente, sem descontinuidade até à parte tosada do pé, seguindo uma linha ligeiramente oblíqua desde a parte superior do antepeito. No alto das orelhas até cerca de um terço de seu comprimento, no máximo, a pelagem pode ser aparada com tesoura ou tosada no sentido do pêlo. A parte inferior deve permanecer coberta de pêlos cujo comprimento aumenta progressivamente de cima para baixo, terminando em franjas, que podem ser igualadas.

b) nos membros, calções marcam uma nítida transição com a parte tosada dos pés. O comprimento do pêlo aumenta progressivamente para cima para apresentar tanto nos ombros como nas coxas, um cumprimento de 4 a 7cm, medidos com os pêlos esticados, proporcionalmente ao tamanho do exemplar, mas evitando-se o "bufante". O calção posterior deve deixar evidenciar a angulação típica do *Poodle*.

Qualquer fantasia que se afaste destas normas padrão, é eliminatória. Qualquer que seja a aparência geral obtida por meio da tosa, essa nada deve influenciar a classificação em exposições, devendo todos os cães de uma mesma classe serem julgados e classificados juntos.

Corte à inglesa: acrescentar à tosa leão motivos no posterior, ou seja, braceletes nos braços e no punho. Na cabeça, um topete. Neste tipo de tosa o bigode é facultativo.

Pêlo: *Poodle* de pêlo cacheado: pêlo abundante de textura fina, lanosa, bem frisada, elástico e resistente à pressão da mão. Deve ser espesso, cheio, de comprimento uniforme formando cachos iguais e geralmente penteados. É indesejável o pêlo duro ao toque, com aparência de crina, sendo preterido diante de exemplar que ostente um pêlo com a textura regulamentar.

***Poodle* de pêlo encordoado**: pêlo abundante, de textura fina, lanosa e fechada, formando os cordões característicos, de comprimento uniforme. Pêlos de no mínimo 20cm. Quanto maiores, mais apreciados. Os cordões de cada lado da cabeça podem ser presos por elástico sobre as orelhas e os do corpo repartidos de cada lado, para evitar uma pelagem em desordem.

Pele: flexível, sem flacidez, pigmentada. Os *Poodles* pretos, marrons, cinzas e abricós devem ter uma pigmentação de acordo com a cor da pelagem; para os brancos o ideal é a pele prateada, mas a pigmentação não deve alterar a cor da pelagem. Existem, também, *Poodles* brancos cuja pele clara apresenta manchas, não somente nas partes internas, o que é freqüente, mas ainda no resto do corpo, o que não constitui um defeito. O ideal é a pigmentação geral, quanto mais intensa, melhor: pálpebras, trufa, lábios, gengivas, palato, mucosas, orifícios naturais, escroto, almofadas plantares. Deve ser preta nos exemplares pretos, brancos e cinzas; marrom escuro nos marrons; nos abricós deve ser o mais uniforme e escura possível, em todas as gamas do marrom escuro até o preto, sendo essa última cor apenas aceita para se evitar uma possível despigmentação.

4.7. TAMANHO

1. *Poodles* Grandes: de 45cm até 58cm. O *Poodle* Grande deve ser a reprodução aumentada e desenvolvida do *Poodle* Médio, guardando suas mesmas características.

2. *Poodles* Médios: de 35cm a 45cm.

3. *Poodles* Pequenos (ou miniaturas): de 28cm a 35cm. O *Poodle* Miniatura deve ostentar no seu conjunto, o aspecto de um *Poodle* Médio reduzido, guardando na medida do possível, as mesmas proporções e não apresentando qualquer aspecto de nanismo.

4. *Poodles* Toys (ou anões): abaixo de 28cm (o tipo ideal deve ter 25cm). O *Poodle* Toy conserva no seu conjunto, o aspecto do Miniatura e as mesmas proporções gerais, correspondendo a todas as exigências do padrão. Não é aceitável qualquer característica de nanismo, com exceção da crista ocipital, que pode ser menos acentuada.

4.8. MOVIMENTAÇÃO

Ver Aparência Geral, item 4.1. na página 39.

4.9. DEFEITOS

Anatômicos e de tipicidade: focinho fino demais ou pontudo, nariz adunco. Trufa pequena e insuficientemente aberta ou grande demais. Ausência de stop ou stop muito pronunciado. Olhos muito grandes ou muito pequenos, pouco escuros ou avermelhados. Orelhas curtas demais, estreitas demais ou portadas dobradas. O prognatismo inferior é um defeito que deve ser penalizado segundo sua gravidade. Dentes amarelados, em conseqüência de cinomose, não constituem um defeito, desde que sejam bem colocados. Dentes desalinhados ou falta de dentes constituem um defeito proporcional à gravidade da irregularidade: todos os incisivos, caninos e molares devem estar presentes; ausência de um pré-molar (1PI) não acarreta penalização; a ausência de dois pré-molares (2PI) inibe qualificação - excelente; a ausência de 3 pré-molares (3PI ou 2PI e 1P2) inibe a qualificação "muito bom".

Garupa caída: membros posteriores retos demais. Cão pernalta. Cauda encurvada sobre o dorso, fina demais ou de inserção baixa demais. Andadura deslizante ou estirada. Trufa manchada ou despigmentada. Exemplares com doenças de pele. Pigmentação geral insuficiente, despigmentação de pálpebras, óculos ou ausência de pêlos em volta dos olhos.

Pelagem rala ou fofa: cor indefinida ou sem uniformidade. São tolerados alguns pêlos brancos no antepeito. Mordedor, agressivo ou nervoso demais. Todo exemplar com características de nanismo não pode ser classificado como "excelente". Os sinais mais evidentes de nanismo são: crânio em globo, ausência da crista occipital, stop marcado, olhos proeminentes, focinho pontudo, curto demais, maxilar inferior retraído, ausência de queixo.

Desqualificações: manchas brancas. Pêlos brancos nas patas. Exemplares cuja pelagem não é de cor sólida. Monorquidia. Criptorquidia. Ausência de cauda. Presença ou vestígio de ergots nos posteriores. Prognatismo superior. Exemplares com mais de 60cm.

Os *Poodles* que não estiverem tosados conforme o padrão não poderão, enquanto estiverem assim, ser julgados em exposições oficiais, sem todavia serem desqualificados para reprodução.

N.B.: Os machos devem ter dois testículos de aparência normal, bem descidos no escroto.

Participaram da tradução do texto da FCI o *Poodle Club do Brasil*: Renato T. Bittencourt, Leyla Hias Norte Rebello, Suzanne Bragard Kanitz, Adauto Mansour Pereira Gomes, Sandra Guimarães Kersting e Anna W. Palma.

Observação: As raças *Poodle* são classificadas no Grupo 9 (Cães de Companhia), na Secção 2 (*Poodle*).

As raças *Poodle* são subdivididas em Variedades, que são agrupadas, para fins de CAC/CACIB, da seguinte maneira:

Poodle Grande:

a) Variedade Branca, Variedade Marrom e Variedade Preta;

b) Variedade Cinza e Variedade Abricó.

Poodle Médio:

a) Variedade Branca, Variedade Marrom e Variedade Preta;

b) Variedade Cinza e Variedade Abricó.

Poodle Pequeno:

a) Variedade Branca, Variedade Marrom e Variedade Preta;

b) Variedade Cinza e Variedade Abricó.

Poodle Toy:

Variedade Branca, Variedade Marrom, Variedade Preta, Variedade Cinza e Variedade Abricó.

Não é requerida Prova de Trabalho para obtenção do Campeonato Internacional.

Toby - Poodle macho adulto
Foto: Lionel Falcon

• *Poodle* vermelho adulto
Propriedade de Eduarda Coutinho
Shining Star Kennel – São Paulo.

Capítulo 5

Integração do Cão

5.1. A CONVIVÊNCIA COM O HOMEM

O cão, não há dúvida, é o animal que vive mais junto ao homem, integrando-se, totalmente, à sua vida e chegando "a fazer parte da família", segundo 87% das pessoas ouvidas em recente pesquisa, no Brasil, e que afirmaram que o cão faz parte da sua família.

Essa integração pode ser tão grande, que um cãozinho criado desde cedo, na mamadeira, chega a se relacionar, tão estreitamente com o homem, que se torna um estranho, socialmente, aos da sua espécie e pode até se tomar impotente sexualmente, junto a um seu semelhante; ou seja, outro cão.

Quando, no entanto, o cão é "adotado" mais tarde, quanto mais velho ele é, mais difícil é a sua socialização. Está provado, que é a partir da 3ª ou 4ª semanas de idade que começa essa integração.

A socialização do cão pode ser mais difícil quando o seu dono é muito ocupado, deixando-o sozinho, o que pode torná-lo até mesmo medroso na presença de estranhos.

Embora o cão doméstico seja totalmente dependente do homem, suas reações e o seu comportamento são basicamente instintivos. Por esse motivo, temos que compreender certas atitudes e determinados comportamentos do cão, para não castigá-lo por um ato que, para ele é, não só normal, mas até mesmo essencial, o que o tornaria frustrado, porque ele não compreenderia o castigo, por achar que não fez nada de errado.

É importante, também, que tenha bastante contato com outros cães para que mantenha os estímulos normais de relacionamento com os da sua espécie.

Uma das coisas mais importante para o cão é ter companhia. É por isso que passa fome ao lado do seu dono mendigo, mas não o abandona. Embora bem alimentado, no entanto, ele não demonstra a mesma amizade por outra pessoa, mesmo que seja o seu dono, se ele não lhe der atenção e carinho. Para o cão, o que mais vale é a amizade.

O cão é um animal que precisa de muita companhia e não pode ficar sozinho ou isolado por muitas horas. Quando isso acontece ele, muitas vezes, causa grandes estragos dentro da casa em que ficou preso ou isolado, não só para se divertir, mas também como um sinal de protesto, para demonstrar que não gosta de ficar só ou abandonado.

5.2. QUANDO O *POODLE* FICA SOZINHO EM CASA

Nenhum cão, de nenhuma raça, gosta de ficar sozinho, por menor que seja o tempo do seu isolamento. Essa é uma das suas características naturais herdada dos seus antepassados que viviam sempre em grupos, em companhia de outros cães, sempre em suas matilhas.

É por esse motivo que, quando um cão fica abandonado, sozinho, dentro de uma casa ou de um apartamento, começa a chorar, a latir e a uivar, ou então, a brincar com todos os objetos que encontra e, o que é pior, muitas vezes os destruindo.

Podemos, assim, imaginar o "estado de espírito" e o que sofre um *poodle*, que é muito apegado a seu dono, quando fica sozinho, sentindo-se abandonado e preso em um apartamento, por exemplo, pois o seu dono sai pela manhã e só regressa à noite, em geral cansado, pouco lhe dando atenção ou com ele brincando, o que só faz nos fins de semana.

O dono de um *poodle* não deve se esquecer, nunca, de que o cão não é capaz de ter pensamentos lógicos, que o seu comportamento é controlado pelos seus instintos naturais, e que ele viveu sempre, em grupos ou matilhas mais ou menos numerosos.

Uma solução para esse problema seria conseguir uma pessoa para ficar com o cão durante o dia, uma verdadeira "dog sitter" ou então, colocá-lo em uma "creche".

O cão não ficaria nada aborrecido com isso, pois gosta de fazer novos amigos sem, no entanto, esquecer do seu dono, nada mudando em relação aos seus sentimentos de amizade para com ele.

5.3. NÃO ISOLE SEU CÃO

O melhor, no entanto, é acostumarmos o nosso cão a conviver, também, com outros cães, pois na natureza ele não era solitário, mas social, vivendo em bandos ou matilhas, sob o comando de um chefe ou líder, como atualmente vive em família, mas humana, e sob o domínio de um líder, também humano.

O contato do nosso cão com outros cães trará grandes benefícios psicológicos para ele, pois aprenderá a conviver ou se relacionar natural e normalmente, com eles. Quando, no entanto, ele fica completamente isolado dos outros cães, vai perdendo suas características naturais, integrando-se, totalmente, à companhia e aos costumes dos homens. O cão, nessa situação, perde até suas características naturais. Como exemplo, podemos citar que os cães machos, criados principalmente em apartamentos, ficando totalmente isolados de outros cães, perdem o interesse até pelas fêmeas da sua espécie, não ligando para as cadelas, mesmo que estejam no cio, e não fazem os acasalamentos.

O cão, nessas condições têm, em geral, um comportamento anormal e se torna medroso ou agressivo.

Outra coisa importante é fazermos o cão andar sempre no chão, não só para que faça os exercícios indispensáveis à sua saúde, mas também para que tenha mais contato com o meio em que vive, encontrando outras pessoas, outros cães ou animais de outras espécies e para que a ele se adapte, mesmo que, às vezes, passe por alguma experiência desagradável, pois toda experiência é válida para consolidar a personalidade do animal.

Levar um cão sempre ao colo é um erro grave e prejudicial ao animal, como já o mencionamos, porque ele recebe uma superproteção, sabe muito bem disso e passa a rosnar e a latir para outros cães e os desafia, porque sabe que nada lhe acontecerá, porque têm consciência da impunidade que o protege (como acontece com muita "gente boa"...!).

Para esse cão, por menor que seja, como um *poodle* anão, por exemplo, o melhor é que ande no chão, para que possa viver normalmente, brincar, correr, brigar, apanhar, mas viver uma vida normal, que o tornará mais feliz.

5.4. AS CRIANÇAS E OS CÃES

Interessante é como as crianças, de todas as idades, desde pequenas, gostam de cães, tendo por eles uma grande afinidade. Mais interessante ainda, é como os cães gostam de crianças, tendo por elas uma grande amizade e muita paciência, permitindo que elas façam, com eles, o que não admitem que os adultos se atrevam a fazer. Mesmo assim, no entanto, nem as crianças podem passar de um certo limite, ao lidarem ou brincarem com esses maravilhosos animais, os cães.

Por esse motivo, antes da chegada do filhote, à casa, devemos conversar com as crianças, dando-lhes algumas explicações sobre os cães e de como conviverem com eles, dizendo-lhes que: - um cãozinho não é um brinquedo e que deve ser bem tratado e com carinho; - que ele se cansa e que, por isso, não podem ficar com ele o dia inteiro, pois ele, também, como nós, precisa descansar; - que ele sente dores e sofre e que, por isso, não devem bater nele, puxar-lhe as orelhas, a cauda ou os pêlos ou dar-lhes "cutucadas", puxões ou beliscões; - não devem lhe dar comida fora de hora, principalmente quando a família está à mesa, durante as refeições; - não lhe devem dar guloseimas pois, além de viciá-los a comer fora de hora, ainda podem fazer-lhe mal; evitem assustá-lo com paus, pedra, chicotes, bombinhas ou fazendo barulhos súbitos ou bruscos, ou lhe dando sustos, pois ele poderá ficar muito assustado, nervoso ou até agressivo e, mesmo por carinho ou prazer, não devem manter o cãozinho durante muito tempo no colo ou nos braços, ou então, fazer-lhe carinho, apertando-o demais.

Além disso, devemos ensinar às crianças: - como tratar e alimentar o cão, para que elas fiquem sabendo, também, o que não devem fazer em relação a isso; que devem tratar o cão com carinho mas, também com energia, quando for necessário, impondo sempre, sua vontade, à do cão; - que não se aproximem do cão, bruscamente ou de surpresa e, principalmente, que nunca o acordem, de repente, de sopetão, para evitar que ele se assuste e reaja de acordo com o seu instinto, atacando, o que pode significar uma boa dentada, embora involuntária, pois o cão não tinha a intenção ou o desejo de morder o seu dono ou o seu amigo e só o fez, porque não teve tempo de ver quem era e o que estava fazendo.

5.5. IDADES DO CÃO E DO HOMEM

Uma das dúvidas ou perguntas mais comuns, entre as pessoas que possuem cães, é: "1 ano de idade de um cão equivale a quantos anos de vida de um homem?" Também muito comum é ouvirmos dizer que 1 ano de vida de um cão corresponde a 7 anos de vida de um homem, o que, realmente, está errado, pois para calcular a relação ou correspondência entre as idades de um cão e de um homem, existe uma fórmula ou um coeficiente especiais para isso. Os *poodles* vivem, em média, 14 a 16 anos, ou seja, o equivalente a 72 a 80 anos para o homem.

Como orientação, apresentamos a tabela a seguir:

Correspondência entre as idades do cão e do homem

Idade do Cão	Idade do Homem	Idade do Cão	Idade do Homem
2 meses	14 meses	10 anos	56 anos
6 meses	5 anos	11 anos	60 anos
8 meses	9 anos	12 anos	64 anos
1 ano	15 anos	13 anos	68 anos
2 anos	24 anos	14 anos	72 anos
3 anos	28 anos	15 anos	76 anos
4 anos	32 anos	16 anos	80 anos
5 anos	36 anos	17 anos	84 anos
6 anos	40 anos	18 anos	88 anos
7 anos	44 anos	19 anos	92 anos
8 anos	48 anos	20 anos	96 anos
9 anos	52 anos	21 anos	100 anos

5.6. O *POODLE* SENTE CIÚME DE OUTRO CÃO

Quando temos um cão e ele sente que é "querido", porque recebe as maiores provas de afeto e também carinhos, ele retribui toda essa amizade, de maneira sincera e completamente desinteressada o que, nem sempre, ocorre com os homens. Ele se sente, também, "dono da casa" e "membro da família", zelando por ela com todas as suas forças, pois, na maioria dos casos ele é, realmente, considerado como tal.

Por esses motivos, antes de levarmos um outro cão para casa, seja ele adulto, jovem ou filhote, para ser também, nosso cão de companhia ou até mesmo para outras funções, como a de guarda, por exemplo, devemos tomar todo o cuidado, pois esse novo cão poderá despertar um ciúme mais ou menos intenso, no nosso antigo companheiro que, dependendo do seu temperamento ou fator psicológico, poderá reagir de diversas maneiras, entre as quais: *1)* entrar em depressão por se sentir desprezado e abandonado, deixando de comer e ficando até doente; *2)* "grudar" no seu dono, não dando oportunidade para "o seu rival" dele se aproximar e receber a atenção e o carinho que ele julga que devam ser só dele; *3)* ameaçar ou atacar, mesmo, o novo cão, que ele considera um intruso em sua casa e nas suas relações com o seu dono; *4)* seu ciúme pode ser tão grande, que ele ataca, com tanta violência, o seu "inimigo", que poderá feri-lo gravemente ou até matá-lo.

Para evitar que tais fatos aconteçam, é necessário que o dono do cão tome algumas providências, entre as quais: *1)* fazer com que o seu cão tenha, sempre, contato com outros cães, durante os passeios ou sempre que houver oportunidades para isso; *2)* logo que o novo cão chegar em casa, apresentá-lo ao que já está vivendo nela mas fazendo carinhos e festas, no antigo companheiro e não demonstrando nenhum interesse no novo cão; *3)* caso não briguem, deixar os dois juntos, soltos pela casa, mas sob vigilância, para evitar qualquer problema; *4)* somente depois de o cão antigo aceitar o novo companheiro é que poderemos dispensar, a este, o afeto e o carinho que queremos e ele que merece receber, mas sem exagerar, principalmente quando estivermos na frente do cão antigo, para que ele aceite essa "parceria".

5.7. RELACIONAMENTO ENTRE CÃES

Quando os cães são apresentados um ao outro, a primeira coisa que fazem é cheirar as suas partes traseiras, pois cada animal tem o seu cheiro típico, individual, que se emana da sua região ano-genital, onde se encontram as glândulas especiais que produzem esse cheiro.

O primeiro contato pode ser amigável ou então, eles tentam se agredir.

Geralmente, não há problemas quando o encontro é realizado entre machos e fêmeas ou adultos e filhotes. Também entre filhotes e cães novos o primeiro encontro termina, em geral, em brincadeiras.

Os adultos, porém, quando não simpatizam um com o outro, eriçam os pêlos e arqueiam o dorso para darem uma aparência de maior tamanho e de ferocidade, com o objetivo de amedrontar o outro animal.

O cão que se intimidar ou não quiser brigar, abaixa a cabeça e expõe ao outro, o pescoço, que é sua parte vulnerável ou vira a sua parte traseira, mostrando, também, as suas regiões genitais.

O dono não deve interferir nessa fase de reconhecimento, porque pode provocar uma briga violenta.

Um ponto importante é que o dono deve ter todo o domínio sobre o seu cão, para evitar que ele ataque pessoas e outros animais, sem motivo algum, tornando-se um perigo, tanto maior quanto maior for o seu tamanho.

5.8. O *POODLE* E AS FÉRIAS

O sonho de todas as pessoas, é "tirar umas férias", para viajar.

Quando, no entanto, elas têm um cão de estimação e não podem levar na viagem, surge um problema, **para o cão**: sentir saudades do dono; sentir-se só e abandonado!

Para resolver esse problema, temos as seguintes soluções, logicamente para o dono, mas não para o cão: *1)* deixar o cão em casa; *2)* colocar o animal em uma pensão para cães embora, por melhor que seja tratado, ele ainda sinta, e muito, a falta do seu dono e da sua casa; *3)* mandar o cão para a casa de algum parente ou conhecido, às vezes até pagando a hospedagem; *4)* conseguir alguém que fique com o cão na sua própria casa pois, assim, não sofrerá com a mudança de ambiente e *5)* a melhor solução, ou seja, levar o cão na viagem, para que ele, também, aproveite as férias na companhia do seu amigo e dono.

5.9. COMO LEVAR O *POODLE* PARA VIAJAR

Para levar o cão para viajar, o seu dono, naturalmente, terá que tomar algumas providências e resolver alguns problemas, entre os quais:

1) quando a viagem for no seu próprio automóvel, ele poderá levar o cão solto dentro dele pois, normalmente, já está acostumado a nele passear. Quando o carro for de outra pessoa, o cão pode ir solto ou dentro de uma caixa ou casinha especial para o seu transporte, adquirida em lojas especializadas;

2) quando o meio de transporte for ônibus, trem, navio ou avião, só podem viajar obedecendo normas, regulamentos e leis que exigem que eles o façam dentro de embalagens especiais como as já mencionadas; que possuam um atestado de saúde e de vacinação expedido por um médico veterinário e que satisfaçam outras exigências, principalmente quando vão viajar para outros países. Logicamente, nesses casos, há despesas extras, além das passagens.

Um problema específico, quando se tratar de viagens a outros países, é que muitos deles exigem que o cão fique de quarentena, o que seria um grande transtorno para o seu dono e poderia, até, prejudicar todo o programa de férias: é preciso que o dono do cão indague, antes de viajar, se há essa exigência no país que ele pretende visitar.

Qualquer que seja o tempo de viagem ou o meio de transporte, é importante, também, que não faltem ao cão, a água e a comida necessárias.

Não devemos esquecer, também, de que o cão tem que fazer as suas necessidades durante a viagem, principalmente quando ela é muito longa ou demorada. Quando ela dura mais de um dia, sendo necessário pernoitar durante a viagem, é necessário que seja providenciado um alojamento para o cão, ou no hotel em que se hospedar o seu dono ou em outro local a isso destinado.

5.10. PROVIDÊNCIAS E DOCUMENTOS PARA A VIAGEM E O TRANSPORTE

Para um cão viajar, qualquer que seja o meio de transporte, o seu dono, naturalmente, terá que enfrentar algumas dificuldades e atender a algumas exigências, tomando as seguintes providências:

1) procurar um médico veterinário para examinar o cão e dar um atestado de saúde;

2) ir ao Ministério da Agricultura levando o atestado de saúde, para obter o Certificado de Inspeção Sanitária (CISA) para que o cão possa viajar para outros estados ou para o exterior;

3) providenciar a vacinação contra a raiva, se o cão já estiver com 4 meses ou for mais velho, pois é obrigatória a apresentação do atestado de vacinação contra a raiva, comprovando que o cão foi vacinado, no mínimo há 15 dias e no máximo, há 30 dias. O CISA é expedido na hora, é gratuito e para obtê-lo, não é necessário levar o cão;

4) é necessário providenciar uma caixa ou uma gaiola especiais para transportar o cão, de acordo com as especificações necessárias, como indicaremos neste capítulo;

5) quando a viagem for por avião, a reserva deve ser feita na companhia aérea com 2 dias de antecedência e o cão deve chegar ao aeroporto, 3 horas antes do embarque e com toda a documentação exigida, pois ele será submetido a uma inspeção pelos médicos veterinários do Ministério da Agricultura, sempre de plantão para os atendimentos necessários.

Os cães pequenos e os de até 3 meses de idade podem viajar em caixas de madeira e junto a seu dono, na cabine, enquanto que os outros viajam no compartimento de cargas do avião.

Para um cão viajar para o exterior, é necessário levar todos os documentos do animal ao consulado do país a ser visitado.

5.11. O TRANSPORTE

Os cães são animais muito fáceis de serem levados em viagens e de serem transportados.

Quando saem de automóvel, com a "família", não há nenhum problema, pois eles também gostam de viajar e o fazem tranqüilamente.

O mesmo não ocorre, porém, quando vão viajar sozinhos ou mesmo com o seu dono, mas como carga, em aviões, por exemplo, pois neste caso, devem ser tomados alguns cuidados, de acordo com as circunstâncias e que são os seguintes:

- **cães pequenos**: podem ser transportados em caixas de madeira, plástico especial ou fibra, segundo exigências das companhias aéreas;
- **cães maiores**: devem ser colocados em caixas de fibra ou de plástico especial para transporte aéreo;
- todas as embalagens devem ter uma ventilação suficiente, obtida através de um certo número de orifícios nas suas partes laterais e superior;
- todas as caixas devem ter um tamanho mínimo, com as seguintes especificações: comprimento igual ao comprimento do cão, medido da ponta do focinho até à base da cauda e mais um espaço que permita, pelo menos, que o animal não fique imprensado; largura igual ao dobro da largura do animal, medida no ombro e a altura, igual à altura do cão em pé e com a cabeça levantada;
- quando o cão viaja de avião, normalmente, é colocado no compartimento de carga;
- quando o cão fica nervoso, deve receber tranqüilizantes, mas só em último caso, porque esses medicamentos podem ter efeitos prejudiciais, pois cada animal a eles reage de maneira diferente;
- cães sujeitos a enjôos, devem tomar um medicamento contra enjôos;
- antes do início da viagem, o cão deve ser levado "a passear", para que faça as suas necessidades;
- não dar alimentos ao cão, muito perto da hora da partida, exceto se a viagem for muito longa.

5.12. O CÃO NOS HOTÉIS

Muitos hotéis já aceitam providenciar a hospedagem dos cães de estimação que acompanham os seus donos.

Como ainda existem hotéis que não hospedam ou que não providenciam a hospedagem dos cães de seus possíveis hóspedes, em outros locais, é necessário que o dono do cão indague, antes de reservar o quarto, se ele aceita hóspedes com cães para, então, decidir sobre o assunto.

• *Aurora* - *Poodle* branca - 5 anos de idade - Canil Macoes - Propriedade de Elisabeth Coe - São Paulo.

• Grupo de *Poodles* brancos adultos - Canil Macoes - Propriedade de Elisabeth Coe - São Paulo.

Capítulo 6

Aquisição e Recebimento dos Cachorrinhos

6.1. GENERALIDADES

Embora os cães de qualquer idade possam se afeiçoar a seu novo dono, o melhor é adquirir um filhote de 6 a 8 semanas, logo depois de desmamado. Para isso, no entanto, devemos levar em consideração vários fatores, entre os quais: se queremos um cão para companhia, guarda, caça, etc.; o local em que ele vai viver, ou seja, casa, apartamento, etc.; o seu temperamento, que pode ser calmo, agitado ou vivo, para que combine com o do seu novo dono; o seu tamanho (grande, médio, pequeno, toy ou anão); tipo de pêlo; o tempo que temos para dedicar ao cão, etc.

Outro item importante é a escolha do sexo. "Dizem" que os machos são menos meigos do que as fêmeas. Em todas as raças eles são maiores, mais fortes e mais dominadores do que elas, o que é natural. No caso dos *poodles*, no entanto, o macho é tão meigo e dócil para o seu dono e fácil de ensinar, quanto a fêmea.

É preferível adquirir um *poodle* puro, a um mestiço, por uma série de razões, inclusive porque o temperamento, conhecido nos cães puros, é imprevisível nos mestiços. Além disso, não sendo conhecida a outra raça que cruzou com a *poodle* para dar o mestiço, não podemos prever **qual será o tamanho do filhote , quando ele ficar adulto.**

6.2. DECIDIDA A COMPRA

De acordo com o nosso grau de interesse na escolha do filhote, devemos: ler tudo que pudermos sobre *poodle* (livros, revistas, etc.); visitar exposições, conversar com os criadores e fazer o maior número de perguntas que pudermos; visitar canis para verificar como são criados e tratados os filhotes, como é feita a sua higiene, o seu preço, etc.

Na visita ao canil, devemos conversar, o mais que pudermos, com o criador, o que devemos fazer, também, quando formos à casa de algum pequeno criador, para termos uma idéia sobre os seus sentimentos em relação aos cães, em geral e aos seus *poodles*, em particular; sobre os seus conhecimentos sobre cães e também, sobre sua personalidade para saber até que ponto podemos confiar nas suas informações, principalmente sobre o filhote a ser adquirido.

Quanto aos preços, devem estar dentro dos limites normais para a raça, embora possam variar muito, quando se tratar de animais excepcionais, aptos a concorrerem em exposições, irem para a reprodução, etc.

Importante, também, é conhecermos a cadela e toda a sua ninhada, da qual vai ser escolhido o filhote, bem como o pai dos cachorrinhos.

6.3. A ESCOLHA DO FILHOTE

A primeira coisa a fazer é escolher de que sexo queremos o filhote. Quando for apenas para companhia, ele pode ser macho ou fêmea. Quando, no entanto, pensarmos na possibilidade de querermos, mais tarde, algum "herdeiro" do filhote que estamos comprando ou até mesmo, em fazermos uma criação, o melhor é adquirirmos uma fêmea e depois "arranjarmos" um macho para fazer o acasalamento.

Decidido de que sexo será o cãozinho, devemos escolher, na ninhada, um filhote que possua as seguintes características: ser o mais desenvolvido ou precoce; o mais esperto, vivo e alegre; sadio, com os olhos vivos e brilhantes; tenha apetite normal; não esteja gordo demais; no caso do *poodle*, que possua a pele lisa, esticada e untuosa; pêlos mais ou menos crespos ou ondulados; não apresente falhas no pêlo ou feridas, crostas ou calombos, pelo corpo; não possua corrimento anormal como sangue, pus, etc., pelo corpo ou que seja nasal, vaginal, anal, etc.; não apresente lágrimas, coriza, resfriado ou diarréia; esteja limpo, sem sinais de urina nos pêlos ou de "sujeira", principalmente de fezes, em volta do ânus; deve possuir as características da sua raça, inclusive tamanho, tipo de pêlo, cor do manto, etc.; não apresentar defeitos, principalmente graves, quando pretendemos apresentá-lo em exposições ou colocá-lo na reprodução; os machos devem ter os seus órgãos genitais externos perfeitos, com os 2 testículos normais, na bolsa escrotal, pois a falta de um deles (monorquídio) é defeito grave e a dos 2 (criptorquídio), inutiliza o cão para a reprodução. Na raça *poodle*, os testículos "descem" para a bolsa, dos 4 aos 6 meses de idade; tenha sua dentição normal, etc.

Quanto mais velho o filhote, maior é a garantia de uma boa escolha sendo, por isso, mais indicado adquirir um filhote com, no mínimo, 45 dias de idade.

O comprador deve solicitar ao vendedor, um recibo de compra e venda do cão, para que essa transação fique documentada em caso de uma posterior reclamação e a **tarjeta**, que é o certificado de registro emitido por uma entidade oficial filiada à Associação Cinológica Brasileira.

Quando, no entanto, o objetivo é adquirir um cão para servir somente como animal de estimação e não para exposições ou reprodução, as exigências quanto às suas características podem ser menores, o que permite uma boa economia, pois cães de elevado padrão zootécnico são bem mais caros.

6.4. DEPOIS DE ADQUIRIDO O FILHOTE

É aconselhável levá-lo a um médico veterinário que o examinará e dará uma boa orientação sobre a sua alimentação, o seu manejo, a sua vacinação, a vermifugação, etc.

6.5. A CAMA PARA O FILHOTE

Quando o cachorrinho chega à sua nova casa, já deve encontrar uma cama para ele, a sua cama, que pode ser de espuma de náilon adquirida pronta ou um simples caixote de madeira ou uma cesta de vime, de taquara ou de qualquer outro material, mas que fique em um lugar bem abrigado.

Para filhotes, o caixote de madeira é muito bom por ser muito resistente, barato e fácil de ser encontrado: Pode ser retangular ou quadrado, com bastante espaço para o cãozinho nele deitar e se esticar, à vontade, mesmo depois de crescer e até ser transferido para uma outra instalação maior. Sua parte da frente deve ser mais baixa ou com uma passagem, para facilitar a entrada do filhote e com pés, para não ficar apoiado diretamente no chão, evitando que ele fique úmido e para canalizar o vento por baixo da cama, evitando uma correnteza dentro dela.

Toda a madeira do caixote deve ser bem lisa, sem farpas, lascas ou rebarbas, para evitar que o cãozinho nelas se fira. Além disso, como o filhote rói o ninho, ele não deve ser pintado ou revestido com material colado; porque as tintas e esses materiais, inclusive as colas, quando por ele ingeridos, fazem muito mal ao cãozinho, podendo intoxicá-lo gravemente e até causar a sua morte.

Para um filhote, porém, a cama ou ninho não é somente o lugar para ele dormir: é muito mais do que isso, pois é o "seu cantinho", o seu refúgio, para descanso ou para quando ele quer ficar sozinho; é a sua "toca", na qual ele se sente em segurança, para onde corre para se esconder e o lugar para o qual leva os objetos que encontra, escondendo-os, além de, aí guardar os seus objetos de estimação, com os quais brinca, como ossos artificiais, bolas, brinquedos diversos, etc.

A cama deve ser forrada com panos, cobertores de algodão ou de lã naturais e nunca de tecidos ou lâminas de material sintético como os plásticos, ou então, ter um colchão ou acolchoado, desde que não sejam de materiais sintéticos, pois os filhotes gostam de rasgar e de mastigar tudo o que encontram e podem até engoli-los; mesmo sem o querer, eles caem em seu estômago mas não são digeridos e podem até causar a sua morte.

Quando o cão não gostar do local em que ficou a sua cama, às vezes até o evitando, o seu dono deve procurar transferi-la para outro lugar do agrado do cãozinho, para que ele se sinta à vontade e não inibido, como pode ocorrer.

6.6. GAIOLAS PARA OS CÃES

Tanto os adultos quanto os jovens e os filhotes, quando mantidos dentro de casa, podem ter a sua cama ou o seu ninho colocados em uma gaiola com uma porta que pode ser fechada para mantê-los presos, quando for necessário. Além disso, a gaiola serve para transportar os cães nas viagens. É, em geral, de arame galvanizado grosso ou de plástico especial, muito resistente. Varia de tamanho, de acordo com o porte do cão que deve abrigar.

Água e comida não devem ser colocadas dentro da gaiola, mas do seu lado de fora, sendo os cães soltos nas horas das refeições, dos exercícios e para fazerem as suas necessidades, quando são mantidos presos.

6.7. CASINHAS PARA CÃES

Os cães de qualquer idade, inclusive os filhotes, podem ser mantidos fora da casa do seu dono, desde que disponham de um abrigo ou uma casinha, em geral de madeira ou de plástico especial, que seja forte, resistente, que proteja os animais do Sol, das chuvas, dos ventos e do frio e que seu tamanho seja suficiente para abrigar um ou mais de um cão.

Para ficar fora de casa, ao tempo, ela deve ser mais bem acabada, impermeável às águas das chuvas e protegida dos ventos por cortinas ou por portas. Pode ficar em um terreno aberto, ficando o cão livre em um cercado, dentro dele. Outra maneira de o cão ter a sua casa em terreno aberto, é prendê- em uma corrente, sendo esta ligada a um cabo aéreo comprido, para que o cão possa andar mais, fazendo mais exercícios e tendo maior cobertura sobre o terreno.

6.8. COMO RECEBER O CACHORRINHO

O filhote pode ser levado para a sua nova casa, em uma cesta, uma caixa de papelão ou de plástico ou em um pequeno caixote de madeira, sem problema algum.

O melhor é fazer essa mudança durante o dia, para que ele possa fazer um reconhecimento geral da sua nova residência, ficando familiarizado não somente com ela, seus móveis e objetos, mas também com as pessoas, pois saiu de junto de sua mãe, de seus irmãos e de um ambiente conhecido, para viver em um novo mundo, no qual tudo é diferente e só existem pessoas estranhas para ele.

Caixa e casinha maternidade

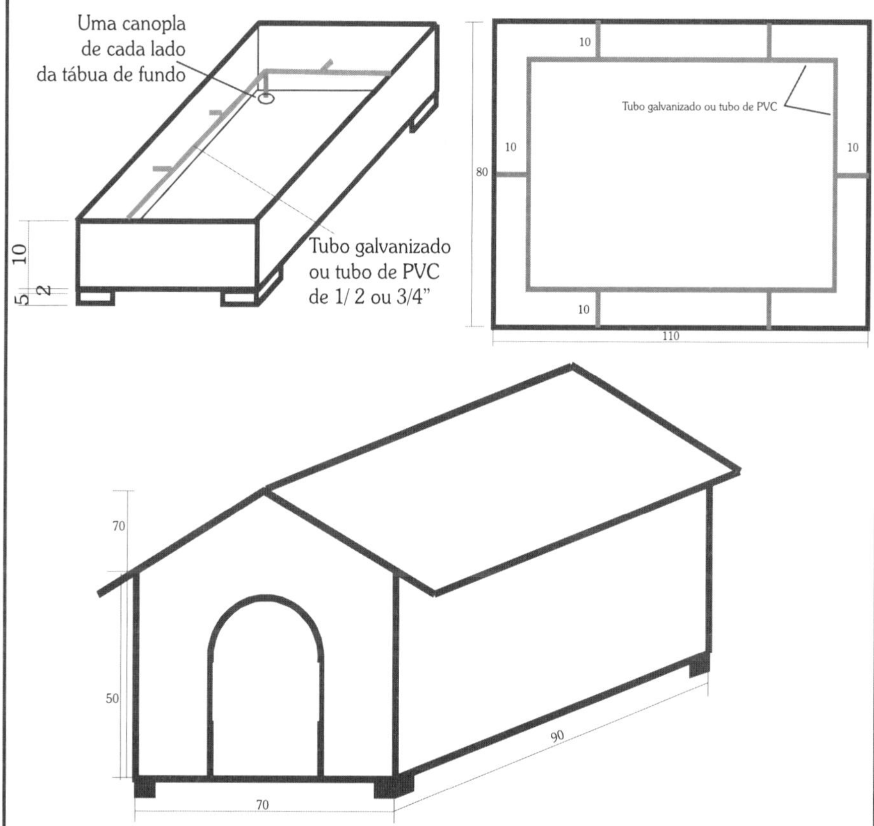

É por isso que devemos deixá-lo andar livre por toda a casa, naturalmente, sob vigilância, para evitar algum acidente ou para impedir que fuja para a rua e se perca, seja roubado ou atropelado.

Nesse dia, ele fica totalmente desorientado, como que perdido e deve receber todo o carinho, para que se sinta, pelo menos, protegido. O problema maior, no entanto, é quando anoitece e ele se sente sozinho, longe da sua mãe e dos seus irmãos. Começa então, a "chorar", não deixando, ninguém da casa dormir. O pior, porém, é que também os vizinhos "sofrem".

Quem já passou por isso, sabe o que é escutar essa "música" a noite inteira!

O melhor, para evitarmos que isso aconteça ou para diminuirmos esse risco, é alimentarmos o cãozinho o mais tarde da noite possível, no seu próprio prato, trazido de onde ele vivia. Depois o colocarmos em sua "cama", de preferência forrada com pano trazido de onde ele veio e sobre o qual ele estava acostumado a dormir. Dessa maneira, o cãozinho ficará mais calmo e sossegado, pois sentirá os cheiros familiares da sua mãe e de seus irmãos, além do seu próprio cheiro.

Mesmo assim, no princípio, ele chora à noite, quando vai dormir. Quando isso acontecer, o dono deve zangar com ele, mandando com energia, que ele se cale. Se isso não for o suficiente, deve pegar um jornal dobrado e bater com ele, na própria mão, para que o barulho súbito assuste o cãozinho e o faça calar-se. Quando, no entanto, isso não der certo, o melhor é pegar o jornal dobrado e dar, com ele, algumas pancadinhas, de leve, no focinho do filhote que, depois disso, fica quieto e dorme.

6.9. A TEMPERATURA CORPORAL E A SAÚDE DOS FILHOTES

A temperatura dos filhotes varia mas, se ela permanecer um pouco alta, por menos de 24 horas, não há problema. Quando, no entanto, um filhote tiver falta de apetite, vômitos e diarréia mas não apresentar febre, esses sintomas indicam um distúrbio passageiro; quando a febre estiver acima de 39, 1°C, é um caso mais sério e quando a temperatura passar dos 39,4°C é melhor consultar um médico veterinário pois o cão pode estar com um problema gave.

6.10. HIGIENE

O *poodle* é um cão muito limpo e, desde pequeno, não gosta de "sujeira". Por isso, não urina nem defeca em sua cama, casinha ou locais em que costuma permanecer ou freqüentar. Quando quer fazer as suas necessidades, ele as faz em lugares diferentes dos que freqüenta normalmente.

Como o filhote, quando chega à sua nova casa, não sabe os lugares nos quais não pode "sujar", é necessário que lhe seja mostrado o local a isso destinado. É importante, também, treinar o filhote a fazer as suas necessidades somente sobre um jornal colocado à sua disposição, em um determinado local, destinado especialmente para isso. O jornal pode ser substituído por uma caixa ou tabuleiro com areia.

Para isso, o dono deve pegar o filhote, quando ocorrer uma das seguintes situações e levá-lo, imediatamente, para cima do jornal: *1)* logo de manhã cedo, retirá-lo da cama e levá-lo ao "banheiro", ou seja, o jornal; *2)* logo que ele acabar de comer porque, normalmente, ele evacua logo após as refeições e *3)* quando perceber que ele, de repente, começa a cheirar o chão, como se estivesse procurando alguma coisa.

Importante é saber que não devemos esfregar o nariz do cão nas suas fezes, como castigo, porque ele "sujou" onde não devia; o cão não entende que é um castigo e, por isso, apenas sofre sem saber porquê.

Em poucos dias, o filhote aprende a só fazer as suas necessidades em cima do jornal e no local a isso destinado.

Quando o cão já é maior e no caso de ser necessário, ele deve ser levado "ao banheiro", bem cedo, pela manhã e à noite, o mais tarde possível.

6.11. FILHOTE QUE URINA EM QUALQUER LUGAR

É muito comum um filhote urinar onde estiver, quando fica assustado, com medo; quando é repreendido ou até mesmo, quando é chamado e acariciado pelo seu dono e está todo alegre. Ele, porém, não deve ser castigado, porque isso é um fenômeno natural, normal e incontrolável para o cãozinho. É causado pelo seu esfinter que se relaxa, deixando a urina sair. Esse problema não deve preocupar, porque desaparece com a idade.

Quando, no entanto, um cão maior urina sempre, no mesmo lugar, o melhor é lavar bem esse local e depois de desinfetá-lo com um produto com um cheiro bem forte, para neutralizar o da urina, porque o cão urina, às vezes, sempre no mesmo local, para marcar "o seu território", como o faziam os seus antepassados selvagens.

6.12. O CÃO À MESA NA HORA DAS REFEIÇÕES

Muitas pessoas permitem que seus cães fiquem em volta da mesa nas horas das refeições, para "ganharem" pedaços de comida.

Se eles ficassem esperando a comida, menos mal. O pior é que eles ficam "pedindo" a comida com aquele olhar suplicante, a implorar, com uma expressão de "infeliz", que incomoda e acaba comovendo qualquer pessoa que, não mais resistindo a essa "chantagem sentimental" lhe dá a comida. O cão tem consciência da sua força de persuasão e até seleciona as pessoas "mais moles".

Conhecemos uma cadela que, além de fazer isso tudo, quando a pessoa demora um pouco a dar-lhe a comida, ela fica sentada somente nas pemas traseiras e estica "os braços" como que a implorar: quem resiste a isso?

É por esses motivos que aconselhamos evitar e proibir, mesmo, que o filhote chegue perto da mesa, durante as refeições da família, para que não se acostume e não crie esse, que parece um problema simples, mas não o é. O pior, porém, é que isso, muitas vezes, dá certo, como aconteceu e que agora, acontece sempre, com a mencionada cadela que, logo que fica sentada sobre as pernas traseiras e estende os braços, escuta: "tá bem, tá bem, espera um instantinho, que a vovó já vai dar um pedacinho prá você..."

Pepo - Macho adulto - *Poodle* cinza - Foto Lionel Falcon.

6.13. PARA QUE O CÃOZINHO SE SINTA BEM

Para que o filhote se sinta à vontade e despreocupado, é necessário, não só que lhe sejam dados carinho, afeto, boa alimentação, etc., mas também, que sejam respeitadas algumas regras que dizem respeito à maneira de ser e de agir desse cãozinho.

Temos, entre elas, as seguintes: deixar o cão dormir, sem o interromper; não ficar "mexendo" muito com o *poodle*, pois ele não é um brinquedo; não o segurar muito no colo ou nos braços, apertando-o, exceto quando é o próprio cão que "quer colo" e, neste caso, deve ser bem recebido; evitar que as crianças fiquem brincando com ele o dia inteiro, pois o filhote quer ter, também, um pouco de sossego e de privacidade; deixar o cãozinho sossegado, não só para dormir, mas também, para roer um osso; brincar com os seus brinquedos; ficar à janela para ver o movimento da rua, etc.; fazer um horário para as atividades do cãozinho; permitir que ele faça exercícios, mas não em excesso e que tome Sol, de preferência pela manhã, ainda com a fresca; elogiar e recompensar o cãozinho, quando ele obedecer ou se comportar bem, pois isso é muito importante para ele.

6.14. COMO EVITAR ALGUNS PERIGOS PARA OS FILHOTES

Naturalmente, quem adquire um filhote e que, normalmente, pagou um bom preço por ele ou um criador que cria cães por prazer, como animal de estimação ou que o faz, comercialmente, não querem que nada de mal aconteça a seus cãezinhos. Por esse motivo, devem tomar alguns cuidados para evitar que isso ocorra porque todos os filhotes, principalmente os *poodles*, são muito vivos, espertos e de uma grande curiosidade, "metendo o nariz em tudo". Além disso, eles têm o hábito de morder, mastigar e, às vezes, de engolir o que encontram, o que lhes pode trazer sérios problemas, quando engolem materiais que lhes podem fazer mal para o estômago e até criar-lhes sérias complicações como intoxicações e até a sua morte.

Para evitar que isso aconteça, devem ser tomadas algumas providências, antes e depois de o filhote ser adquirido e de chegar à casa do seu novo dono ou também com os cachorrinhos nela nascidos, e que chegam à "fase perigosa".

Destacamos, entre elas: tirar do alcance dos filhotes ou proteger com peças especiais, as tomadas e fios elétricos e telefônicos, para evitar que eles os estraguem, tomem choques elétricos que até os podem matar ou que engulam pedaços de fios, o que lhes pode fazer muito mal; não deixar agulhas, alfinetes, pregos, tampas e pedaços de garrafas, pedaços de panos ou objetos cortantes ou muito pequenos, a seu alcance, porque eles os podem engolir, ficar engasgados, se intoxicar com eles ou até terem de sofrer intervenções cirúrgicas para extrair esses objetos estranhos do seu estômago; evitar que tenham contatos com plantas tóxicas como a "comigo-ninguém-pode", muito comum em casas e jardins, pois os cães podem mastigar as suas folhas ou engoli-las e se intoxicarem; esconder todos os medicamentos, como é feito com as crianças, para que eles não os engulam e sofram conseqüências às vezes graves e até fatais; impedir que tenham contato com produtos tóxicos ou venenosos para evitar intoxicações ou envenenamentos; não lhes dar objetos muito pequenos para brincar, para evitar que os engulam; não dar aos cães, para brincarem, por serem perigosos para a sua saúde, se ele os ingerir: os brinquedos ou objetos de materiais plásticos ou sintéticos, inclusive isopor; espuma de náilon; borracha natural ou sintética; bichinhos de pelúcia de material sintético; folhas plásticas; papéis e saquinhos de balas e bombons, etc. Esses materiais não são digeridos, podem intoxicar o cão e até matá-lo; não deixar que resistências ou lâmpadas elétricas, velas, cigarros acesos, etc., fiquem ao alcance dos filhotes, para evitar que eles sofram queimaduras; manter sempre fechados ou trancados, os portões, as portas e as janelas da casa, do apartamento, do jardim ou do quintal, para evitar que os cães saiam ou fujam para a rua, se percam, sejam roubados, apanhados pela "carrocinha" ou até atropelados; evitar que fiquem em lugares altos, dos quais possam cair, sofrendo ferimentos ou traumatismos, às vezes graves; evitar janelas abertas, para que eles não subam no seu parapeito e possam cair, de grandes alturas, sofrendo fraturas graves e até morrendo; impedir o seu acesso a locais perigosos, inclusive proximidades de bueiros, esgotos, locais altos dos quais possam cair, etc.; evitar que se aproximem de outros animais que lhes possam atacar, como outros cães maiores e estranhos; não deixá-los se aproximar de animais ferozes, peçonhentos, como onças, cobras, aranhas, escorpiões, etc., impedindo que eles freqüentem locais em que existam ou vivam esses animais; impedir que os filhotes tenham acesso a escadas, pois eles podem levar quedas violentas ou até rolar por elas, sofrendo luxações, distensões e até fraturas ósseas mais ou menos graves; evitar que passem por grades de segurança de varandas, janelas e portões, pois eles podem sofrer sérios acidentes; evitar que tenham acesso a uma piscina, um lago ou um tanque, porque podem cair dentro deles, não conseguir sair, nadar até se cansarem e morrer afogados; quando sair com eles, cuidado, porque pegam tudo o que encontram na rua; quando voltar para casa, após um passeio, fazer um exame nos cães, para verificar se durante o passeio, eles não se sujaram ou se não feriram as patas, em pregos, cacos de vidros, latas, etc.

6.15. CUIDADOS NO MANEJO DOS FILHOTES

Podemos destacar, entre eles:

- com 20 a 30 dias de idade, devem tomar sol, de preferência todos os dias, mas somente até às 10 horas da manhã;
- dar aos filhotinhos as refeições sempre às mesmas horas, retirando o seu prato logo que eles acabem de comer, para evitar que fiquem sobras e que elas se estraguem, fazendo mal se eles as comerem;
- aos 2 meses de idade, dar-lhes o primeiro banho, mas de água morna e depois os enxugar bem, com uma toalha e colocá-los ao sol, para que fiquem

mais secos; sob uma lâmpada ou em um ambiente aquecido ou então, enxugá-los com um secador de cabelos mas, em todos os casos, devemos evitar que tomem vento;

- a partir dos 2 meses de idade, colocar-lhes uma coleira;
- com 3 meses de idade, já podem começar a fazer pequenos passeios;
- com 4 meses de idade, já podem começar os treinamentos de obediência e a tomar parte em exposições;
- aos 6 meses de idade, já começam a ser treinados para a guarda e
- aos 9 meses de idade, já podem começar a ser treinados para o ataque.

6.16. COLEIRA E GUIA OU TRELA

Todo cão deve ter a sua coleira e uma guia ou trela e deve se acostumar com elas, porque são para o seu manejo ou controle, muito práticas e até indispensáveis.

A coleira pode ser até sofisticada, mas deve ser macia, para se adaptar bem ao pescoço do animal, para não incomodá-lo ou até machucá-lo e não deve ser larga, para não dificultar os seus movimentos.

Alguns cães as aceitam normalmente; outros as estranham muito e "protestam", tentando até tirá-las, enquanto que, outros, ficam até desesperados quando se sentem presos embora, também estes, acabem se acostumando com a coleira e a guia.

O melhor para o cão se acostumar com a coleira é colocá-la no seu pescoço e soltá-lo livre, com ela, durante 1 ou 2 dias. Depois desse período, prender a guia ou trela na coleira e deixar, também, que o cão solto e livre, a arraste por onde quiser. Quando ele não mais se importar com a coleira e a guia, podemos começar o seu treinamento, não só para que ele as aceite, mas também para que obedeça os comandos que receber através delas.

Quando formos segurar ou conter o cão, pela primeira vez, pela guia já presa à sua coleira, devemos fazê-lo com os seguintes cuidados, para que ele não sofra muito, física e psicologicamente pois, para ele, será uma limitação da sua liberdade:

1 - chamamos o cão, normalmente, como o fazemos sempre;

2 - quando ele chegar, nós o acariciamos, brincamos com ele, o agradamos e podemos até, dar-lhe alguma guloseima;

3 - prendemos a guia na coleira que ele conserva no pescoço;

4 - seguramos a guia, com uma das mãos, mas sem puxá-la;

5 - vamos encurtando a guia, aos poucos, até que, em dado momento, o cão percebe que está preso a ela e sendo por ela contido;

6 - continuamos a agradá-lo, a falar e a brincar com ele (se ele ainda quiser);

7 - chega, então, o momento esperado do protesto e ele começa a se debater para se livrar da guia e da coleira, sacudindo a cabeça para os lados e andando para trás; parando; tornando a andar para trás; começa a ganir, rosnar, ladrar e, às vezes, a correr dando pulos para os lados;

8 - devemos, então, continuar falando carinhosamente, com ele e ao mesmo tempo, sem afrouxar a guia, vamos de frente, olhando para ele e caminhando na mesma direção, mas sempre o chamando e tentando agradá-lo;

9 - o cão, normalmente, vai se acalmando e ao nosso chamado, começa a nos seguir mas, de repente, pára;

10 - quando isso acontece, devemos acariciá-lo, falar com ele e chamá-lo, pois ele volta a nos acompanhar e acaba esquecendo a coleira e a guia e começa a agir, normalmente;

11 - não devemos, nunca, arrastar o cachorro pela guia, brigar com ele ou até castigá-lo;

12 - normalmente, em somente 1 (um) dia, conseguimos que o cão ande com a guia.

Nos primeiros dias, devemos deixá-lo o dia inteiro com a coleira, só a tirando à noite, para que ele se acostume, o mais rapidamente, com ela.

Em pouco tempo, no entanto, a coisa muda, pois bastará mostrarmos a coleira e a guia e o cão ficará todo feliz e "assanhado", porque sabe que vai sair para um passeio. Alguns cães chegam, até, a ir buscar a coleira, quando percebem que o seu dono vai sair.

6.17. PASSEIOS COM OU SEM A GUIA

Antes de o cãozinho ter 5 meses de idade, não há necessidade de levá-lo a passear, para fazer exercícios, pois os que fazem em casa, já são suficientes.

Para o cão, o melhor é passear livre e sem a guia pois, assim, pode andar e correr livremente, para todos os lados e brincar como quiser.

Isso, no entanto, não é aconselhável, porque pode trazer uma série de problemas para o próprio cão ou para o seu dono e, entre eles, podemos mencionar: o cão sai correndo, se distancia muito do seu dono, pode fugir, se perder, ser roubado, apanhado pela "carrocinha" ou ser atropelado, ficar ferido ou até morrer; o cão pode atacar uma pessoa e pior ainda, uma criança, ferindo–a mais ou menos gravemente o que, certamente, trará grandes aborrecimentos e às vezes, também, grandes despesas para o dono do cão agressor; existem leis e portarias que proíbem cães de saírem à rua sem estarem com uma coleira e presos por uma trela ou guia e que seriam desrespeitadas se o cão não estivesse contido pela guia, o que aumentaria a responsabilidade do dono do cão, nos problemas surgidos por esse motivo.

O melhor, portanto, para o dono, é manter o seu cão na guia, sempre que sair a passear com ele em locais públicos como parques, jardins, ruas, etc. Além disso, o *poodle* entra em tudo o que é água que encontra, porque ele era um "cão de água", que continua gostando muito desse elemento. Não pode ver água, principalmente em dias de calor, que vai logo entrando nela para tomar um bom e refrescante banho. É por isso que, neste caso, a guia não deve ser dispensada.

O problema, no entanto, não é o banho, porque só faz bem ao cão e ele fica logo seco, não lhe causando danos à saúde. O problema é que ele, entrando em lagos, rios, mar ou até em brejos ou mangues, fica todo sujo, mesmo depois de seco, sujando o carro e as pessoas que o levaram a passear. Quando, porém, o cão está passando uma temporada na praia ou em sítios, não há problemas e o cão pode tomar quantos banhos de mar, de rio ou de lagos, quiser, nos dias quentes e ensolarados ou até em dias de chuvas. Quando o cão tomar banho de mar deve ser, depois, bem enxaguado com água doce, para sair toda a água salgada.

Grupo de *Poodles* adultos - Diversas cores - Shining Star Kennel
Propriedade de Eduarda Coutinho - São Paulo.

Dois *Poodles* adultos
Cor cinza
Shining Star Kennel
Propriedade de
Eduarda Coutinho
São Paulo.

Capítulo 7

Cuidados, Higiene e Beleza

7.1. GENERALIDADES

Normalmente, quando adquirimos um filhote da raça *poodle*, ele já vem com os pêlos da cara, principalmente dos cantos dos olhos, cortados, para evitar que, devido ao seu grande comprimento, "entrem" nos seus olhos, fazendo-o sofrer, não enxergar direito e ainda ficar sujeito a inflamações e infecções oculares. Também os pêlos do focinho e do bigode são cortados para que não sujem quando o cão come e para facilitar a limpeza do seu focinho.

Em geral, também os pêlos debaixo da cauda, na região anal, são cortados para evitar que se sujem de fezes que podem, inclusive, ficar a eles grudadas, dando um péssimo aspecto ao animal, além de dar mal cheiro e de poder provocar problemas de verminoses e de outras doenças.

7.2. HIGIENE BUCAL

Os cães necessitam de uma boa higiene bucal, para evitar cáries, tártaro, quedas prematuras de dentes, inflamações e infecções nas gengivas, etc. Além disso, principalmente nos cães de companhia, essa higiene deve ser rigorosa, para evitar também, o mau hálito, às vezes bastante forte e desagradável que os cães podem ter.

Os cuidados a serem tomados, são: escovar bem, os dentes dos cães, pelo menos uma vez por semana; evitar pastas de dentes de uso humano, porque o flúor e os sabões nelas existentes, fazem mal ao estômago dos cães; usar somente pastas dentais ou outros produtos especiais para cães; não jogar pedras para o cão ir buscar, porque poderá provocar lesões e quebras de dentes em sua boca; dar ossos para o cão roer, para evitar a formação de tártaro ou outros alimentos duros como pescoço de frango, coração, etc.

Quando o cão apresentar mau hálito, ele pode ser causado por cáries, dentes descarnados, geralmente por causa de tártaro, infecções dentárias, amídalas com pus, problemas de alimentação, etc.

7.3. CUIDADOS COM OS PÊLOS - PENTEADOS

A escolha do corte e do penteado do *poodle* dependem, não só dos regulamentos para as exposições mas e principalmente, do gosto do dono do cão, quando ele o quer somente como companhia e amigo e não pretende apresentá-lo em competições caninas.

7.4. COMO ESCOVAR E PENTEAR O *POODLE*

Para facilitar os trabalhos, quando o *poodle* vai fazer o "tratamento de beleza", deve ser colocado sobre uma prancha ou mesa bem firmes e resistentes e com uma tampa que não seja escorregadia, coberta por um pano áspero ou por um tapetinho de borracha, para que ele não escorregue e possa até cair ao chão.

Além disso, para esses trabalhos deve ser usada, sempre, a mesma mesa e no mesmo local, para que o *poodle* com ela se acostume e fique quieto, facilitando o seu dono a "embelezá-lo".

Para pentear o *poodle*, o que deve ser feito, de preferência, todos os dias, são necessários uma escova especial e um pente com dentes largos e separados, para facilitar os trabalhos, penetrando melhor, entre os pêlos e para evitar que sejam por ele arrancados.

Quando o *poodle* não é penteado regularmente, seus pêlos vão ficando emaranhados, tomando-se difícil e doloroso penteá-lo. Às vezes, é necessário até fazer uma tosquia total.

Para pentear um *poodle*, a primeira coisa é fazer com que ele fique quieto e o mais parado, possível. Para isso, o colocamos sobre a mesa e damos a ordem "QUIETO", da maneira mais enérgica e a repetimos, quando necessário. Em pouco tempo, ele se acostuma e se mantém quieto e nem tenta pegar a escova e o pente, para brincar.

Quando se tratar de um cão ainda novo, devemos tomar alguns cuidados especiais, para evitar que ele, travesso como uma criança, queira fugir ou brincar em cima da mesa, podendo até cair ao chão.

Por esses motivos, devemos proceder da seguinte maneira: *1º)* colocar o cãozinho em pé, em cima da mesa, mas de lado para o "cabeleireiro", com o seu corpo paralelo ao dele e com a cabeça virada para o seu lado esquerdo; *2º)* a pessoa que o vai pentear, passa a mão por entre as suas patas dianteiras e o segura, por baixo, pelo seu tórax ou peito, de maneira firme, que não o machuque, mas que o impeça de se soltar; *3º)* com a outra mão (direita) livre, a pessoa o escova, bem escovado, até que esse lado fique "pronto"; *4º)* o cabeleireiro, então, vira o cão para o outro lado, colocando a sua parte traseira, para o lado esquerdo, posiciona a mão esquerda, entre as suas patas traseiras, o segura firme, pela barriga e escova o seu outro lado, ou seja, o seu lado direito.

Normalmente, nas primeiras vezes, não é possível fazer um trabalho perfeito, pois o animal, por mais que receba a ordem "QUIETO", se mexe, quer sair da mesa, etc. Isso, naturalmente, não é muito importante quando se tratar de um filhote ou de um cão novo, mas é importante para treiná-lo a se comportar e ficar quieto, na mesa, durante todo o trabalho.

Quando o *poodle* já está acostumado a ser escovado e fica quieto, deve ser procedido da seguinte maneira: *1º)* começar escovando os pêlos do alto da cabeça para trás, depois para a frente e novamente para trás, mas deixando, sempre, pêlo sobre a testa; *2º)* escovar bem as orelhas, pelo lado de dentro e depois pelo lado de fora, evitando forçá-las ou machucá-las, pois o *poodle* as tem muito sensíveis; *3º)* pegar uma das patas dianteiras, levantá-la um pouco, para a frente, escová-la de cima para baixo e depois de debaixo para cima, até à cernelha ou omoplata, contra o sentido dos pêlos. Depois, soltar a pata do cão, para que ele a apoie, novamente, na mesa; *4º)* repetir essa operação nas outras patas, terminado o trabalho; *5º)* passar o pente por todas as partes escovadas, para verificar se não ficou algum pêlo embaraçado; *6º)* pentear o pêlo da parte de baixo do corpo do animal e o pompom da cauda.

As partes do corpo que apresentam os pêlos mais embaraçados, são: atrás das orelhas; na parte dianteira, entre o peito e as patas da frente; nos cotovelos e nas coxas.

É aconselhável usar um pouco de talco para que o *poodle* fique com os pêlos com melhor aparência.

7.5. O BANHO

O banho é indispensável para o cão, para que ele não fique "cheirando mal" ou para que não fique sujo e às vezes, até com matérias estranhas grudadas nos seus pêlos, como terra, lama, fezes dele mesmo ou de outros animais, etc.

Além disso, para que possa ser bem penteado, é necessário que o *poodle* tome um bom banho, para que fique com os pêlos bem limpos e "soltos", o que facilita o trabalho do cabeleireiro e permite um resultado muito melhor do que quando o cão não toma banho antes de ser escovado e penteado, muitas vezes preparando-se para ser apresentado em exposições.

Para darmos um bom banho, no *poodle*, devemos:

1º) colocar o cão em um local especial para isso como, por exemplo, dentro de uma banheira, mas com um tapetinho de borracha, para ele não escorregar, para facilitar o trabalho e dar algum conforto ao cão, mas que o lugar seja abrigado e livre de ventos;

2º) só usar água limpa e morna e nunca água quente;

3º) usar sabonetes ou xampus especiais para cães, para que o *poodle* fique mais limpo e seus pêlos mais soltos, o que facilita a passagem da escova e do pente, ficando ele muito mais bem penteado;

4º) empregamos um chuveiro ou uma pequena mangueira fina, de água morna e com ela, encharcamos todo o corpo do *poodle* e depois a sua cabeça, mas com todo o cuidado, para que não caia água nos seus ouvidos. Basta, para isso, encostarmos as suas orelhas na sua cabeça;

5º) depois de bem molhado o cão, passamos a ensaboá-lo bastante, esfregando-o bem, para que seja feita uma boa limpeza em todo o seu corpo e nos seus pêlos;

6º) depois de bem ensaboado, abrimos novamente a água, controlamos a sua temperatura, deixando-a somente morna e enxaguamos o *poodle*, para que seja dele retirado todo o xampu ou qualquer outro produto empregado na sua limpeza;

7º) secar bem o animal, espremendo os seus pêlos com as mãos, para que a água escorra toda e depois o enxugamos com uma toalha felpuda e passamos a secá-lo com um secador elétrico, para que fique bem seco;

8º) para verificar se os pêlos estão bem enxaguados, basta esfregá-los com os dedos: se estiverem com um "toque sedoso", é sinal de que não estão bem enxaguados, que ainda têm sabão ou xampu, o que ocorre quando eles ficam rangendo uns contra os outros;

9º) para secar o *poodle*, o colocamos sobre a mesa e, com a mão esquerda vamos passando o secador e, com a mão direita, vamos escovando os pêlos que estão sendo secados. Os pêlos ficam, assim, mais espessos e mais fofos.

Quando o cão começa a espirrar depois do banho e apresenta um ligeiro corrimento nasal, parecendo um resfriado trata-se, em geral, de uma irritação causada pelo sabão ou xampu.

7.6. BANHO A SECO

Em certas circunstâncias, quando não for aconselhável ou o dono, por qualquer motivo, não quiser dar banho em seu cão, pode dar o chamado "banho a seco", ou seja, um banho sem usar água.

Para isso, deve empregar produtos específicos, em geral, xampus ou, em outros casos, talcos especiais.

Para tirar uma nódoa ou mancha de óleo, por exemplo, é necessário passar sobre ela, esfregando-a, serragem de madeira bem seca, talco ou caolim, pois esses produtos absorvem o material oleoso, facilitando, depois, a sua lavagem com xampu ou sabão, conforme o caso ou tipo de banho.

7.7. OUTRO TIPO DE BANHO

Quando, por qualquer motivo não podemos ou não queremos dar um banho normal, de água, no *poodle*, podemos "lavá-lo" empregando a seguinte fórmula: - 1 copo de água morna; - 1 colher das de sopa, de vinagre branco e - 1 colher das de sopa, de álcool.

Misturar bem esses ingredientes e depois, passar o líquido obtido nos pêlos do cão.

7.8. ALGUNS CUIDADOS COM OS BANHOS

São muito importantes para os cães, porque eles têm um "cheiro" natural que se pode tomar muito desagradável, quando eles não tomam banhos, normalmente. Além disso, eles ficam sujos e com mau aspecto quando não recebem um tratamento higiênico satisfatório.

Casos há, no entanto, em que não devemos dar banhos nos cães, podendo ser citados, entre eles: 1) cadelas no 1 ° mês de gestação; 2) filhotes com menos de 12 semanas de idade, exceto em casos de necessidade, mas somente com água morna e sendo tomado todo cuidado para que não entre água nos seus ouvidos ou não caia água nos seus olhos; e, 3) animais doentes, com febre ou com indisposições, mesmo que passageiras.

Quando os cães não puderem tomar um banho normal, a sua higiene pode ser feita à base de xampus, talcos, desodorantes, etc., desde que produtos especiais, de uso canino.

7.9. A TOSQUIA

Normalmente, todo *poodle* tem que ser tosquiado ou ter os pêlos aparados mais ou menos uma vez por mês ou com intervalos de 4 a 6 semanas, para que ele se mantenha sempre elegante e com um bom aspecto, aparentando ser um cão bem cuidado, qualquer que seja o tipo de tosa que ele use. Isso é necessário, porque o seu pêlo cresce o bastante para que ele fique "cabeludo", sem o seu penteado e também, porque o seu pêlo fica sujo e tem que ser lavado.

Para fazer a tosquia no *poodle*, devemos: *1º)* dar-lhe um bom banho; *2º)* enxugá-lo bem e depois o escovar, deixando-o muito bem penteado, com os pêlos completamente desembaraçados; *3º)* levá-lo ao "salão" ou ao "cabeleireiro", para que ele seja tosquiado ou tosado.

Às vezes, é necessário levá-lo ao cabeleireiro, para cortar os pêlos da sua cara porque, quando ficam muito compridos prejudicam a visão do animal e ainda podem "entrar" nos seus olhos irritando-os e até provocando inflamações e infecções. Nesse dia, o dono do *poodle* pode aproveitar para dar um retoque nos pêlos do seu animal.

Avon Prince Stratu's
Poodle médio adulto
6 anos de idade
Jovem Campeão
Campeão
Grande Campeão
Campeão Panamericano
Tosa Leão
Propriedade de
Maurício Pernambuco Salin
São Paulo

No verão ou nas épocas mais quentes do ano, o *poodle* pode ser tosquiado, pela primeira vez, com 4 ou 5 meses de idade ou até um pouco antes, o mesmo ocorrendo com o seu primeiro banho, que deve ser dado na mesma época.

Quanto ao tipo de tosquia, depende do gosto ou do desejo do dono do *poodle* ou das exigências dos regulamentos, quando ele for apresentado em exposições caninas.

Nos cães novos, o penteado não ficará tão bom quanto nos mais velhos, porque estes possuem os pêlos mais grossos e ásperos.

No inverno ou nos períodos mais frios, devemos deixar os pêlos ficarem mais longos, para que os *poodles* fiquem mais protegidos contra o frio.

7.10. LIMPEZA DOS OUVIDO

É aconselhável limpar os ouvidos do *poodle*, com algodão e álcool ou com cotonete, sempre que eles estiverem sujos ou que haja suspeita de que caiu água dentro deles, para evitar que o cão tenha dor de ouvido, o que é muito doloroso, fazendo-o sofrer muito.

7.11. ALGUNS PRODUTOS PARA CÃES

A toalete dos cães não se resume em um bom banho para que eles fiquem "limpinhos": eles podem ficar, também, "perfumados", pois existem xampus e perfumes especiais para cães, inclusive importados e imitações perfeitas de famosos perfumes franceses!

Também ficar só perfumados... e as roupas? Não há problemas e os cães podem até "se vestir" muito bem, pois têm, à sua disposição, nas casas especializadas: camisas, inclusive do "seu" time de futebol; bonés, capas, botas, sapatos, suéteres, macacões, *blazers*, gravatinha "borboleta", capas de chuva, mochilas para viagem, carregada pelo próprio cão; óculos de sol, fitas para a cabeça, etc.

Existem, também, calças plásticas para que os cães não "sujem" a casa, principalmente quando forem fazer alguma visita.

Os cães têm, ainda, à sua disposição, bichinhos, hambúrgueres, pirulitos, ossos e "brinquedos" de plástico especial, para brincarem e morderem, limpando e afiando os dentes.

As cadelas dispõe de "perfumes" especiais, os repelentes sexuais para que não sofram "assédio sexual" (mesmo querendo) quando estão no cio.

Existem, no entanto, produtos especiais líquidos ou em massa, verdadeiros "É PROIBIDO", para que os cães não entrem onde não devem e que podem ser colocados nos pés de móveis e em outros locais para evitar que eles os arranhem, mordam ou mastiguem, estragando-os ou os destruindo.

Em compensação, eles dispõem de comidas e bebidas especiais, inclusive refrigerantes importados.

Poodle adulto macho, antes da tosa - Foto Lionel Falcon.

Chiquitita Fêmea adulta Poodle
Canil Macoes - Propriedade de
Elisabeth Coe, São Paulo.

Fêmea Poodle adulta
e um filhote
Shining Star Kennel
Propriedade de
Eduarda Coutinho
São Paulo.

3 *Poodles* adultos: um vermelho, um amarelo e um branco
Propriedade de Eduarda Coutinho - Shinning Star Kennel - São Paulo

Capítulo 8

Ensino e Treinamento

8.1. GENERALIDADES

Quando escolhemos um cão de companhia, geralmente, é porque queremos um companheiro e fiel amigo, sempre procurando nos agradar e dar provas da sua amizade. Quando escolhemos um *poodle*, escolhemos, também, o mais gentil dos cães e um dos que mais afeto, maior amizade e maior fidelidade têm pelo homem.

Não nos devemos esquecer, no entanto, de que, apesar de ser o maior amigo do homem e de todas as boas qualidades que possam ter, os cães são animais e possuem os seus instintos naturais. É por isso que devemos orientá-los, ensinando-os e os treinando, para que melhor se adaptem aos hábitos humanos, às nossas exigências e às nossas necessidades. A base desse ensino são a obediência e o aprendizado de alguns hábitos que eles devem adquirir, principalmente no caso dos *poodles*, que são de companhia, o que não é difícil, se iniciarmos o seu treinamento desde cedo, como verificaremos, no presente capítulo.

Para que obtenhamos bons resultados, no entanto, são necessárias paciência e perseverança. Não devemos desanimar, mesmo que isso exija um pouco mais de trabalho, pois é desse início que vai depender toda a relação entre o cão e o seu dono, todas as pessoas que o cercam e o ambiente em que vivem.

Os objetivos desse ensino ou treinamento não são o de dominar os cães ou quebrar o seu orgulho, a sua vontade ou o seu caráter, mas apenas o de orientá-los e ensinar-lhes algumas coisas que devem aprender para melhor se adaptarem à vida em companhia dos seres humanos o que, muitas vezes, os obriga a controlarem ou reprimirem alguns de seus instintos ou hábitos naturais.

Devemos procurar fazer a maior aproximação possível com os cães mas, ao mesmo tempo, mostrar-lhes que nos devem reconhecer como seu líder, por nossa autoridade e pela justiça com que os tratamos. Isso não é difícil, porque eles, quando viviam em matilhas, tinham um só chefe, o respeitavam e o obedeciam, mas lutavam pela liderança ou comando do seu bando, quando percebiam que ele vacilava nas suas atitudes ou ficava velho.

Como os cães variam muito de temperamento, inteligência, etc., não há receitas ou fórmulas rígidas para ensiná-los, principalmente se levarmos em consideração que os cães se adaptam ao temperamento e aos hábitos do seu dono.

Ao ensinarmos os cães, devemos nos lembrar sempre de que, sendo animais, determinados hábitos, para eles, não são maus, mas apenas normais ou instintivos.

Ensinar os cães, portanto, é induzi-los e acostumá-los a fazer, com agrado e boa vontade, coisas que os tornam agradáveis e úteis e evitar que mantenham hábitos indesejáveis para a nossa convivência.

8.2. ENSINO

O ensino dos cães começa desde cedo, quando ainda estão mamando e o criador controla o seu comportamento ao mamar e depois, quando ensina os cãezinhos a não roubarem a comida do prato dos seus irmãos ou companheiros, dizendo NÃO, e os elogiando, dizendo MUITO BEM, etc., quando eles voltam para os seus próprios pratos.

Dessa maneira, os cãezinhos já começam a distinguir o tom das vozes quando é enérgica, zangada e de reprovação, do "NÃO" e quando é meiga, carinhosa, de aprovação ou uma forma de agradar.

Além disso, devemos nos lembrar de que os cãezinhos só devem começar a fazer passeios depois de serem vacinados. Importante, também, é evitarmos que andem muito, porque os ligamentos das suas patas ainda são muito fracos e eles se cansam, com facilidade.

8.3. TREINAMENTO

O ensino dos cães deve começar desde cedo, mas o seu treinamento somente quando eles atingirem 8 a 9 meses de idade.

Os cães, como já o mencionamos, não entendem as palavras, mas apenas os sons. Por isso, os comandos devem ser dados com palavras curtas e de maneira enérgica, nas ordens; meigas nos elogios; zangadas, quando forem de repreensões e carinhosas, quando eles executaram um bom trabalho, obedecerem às ordens ou quando vão dormir.

As ordens dadas aos cães devem ser obedecidas imediatamente, sem dúvidas ou preguiça. Quando eles acertam e são elogiados, ficam com vontade de acertar, pois relacionam o acertar com os agrados.

Devemos nos lembrar sempre, de que brutalidade, gritos ou impaciência nada resolvem e revelam, apenas, que a pessoa não tem condições para treinar cães.

8.4. OS CÃES NÃO ENTENDEM AS PALAVRAS

Como os cães não entendem as palavras, devemos ligá-las aos tons de voz e a gestos, pois eles ligam os sons e os tons aos gestos e passam a entender melhor, os comandos que lhes são dados.

As necessidades de ensinar e de treinar são as mesmas para todos os cães, para que eles possam entender os homens e com eles conviver da melhor maneira possível, principalmente os respeitando e obedecendo às suas ordens.

Importante porém, no treinamento, é o cão sentir uma certa energia e firmeza no seu treinador. Além disso, esse treinamento deve se tornar uma rotina para o cão e não deve ser interrompido, até que sejam obtidos os resultados desejados.

Como os cães variam muito em relação aos seus temperamentos, sentimento, etc., as pessoas mais indicadas para ensiná-los seriam os seus próprios donos, que os conhecem bem. Além disso, é preciso ter paciência para ensiná-los. Não podemos ter pressa, querendo ensinar-lhes várias coisas em pouco tempo, pois eles podem ficar confusos e os resultados poderão ser desagradáveis.

O principal, no entanto, é que o cão reconheça seu dono como o seu chefe ou líder. É necessário, no entanto, tratá-lo com energia, mas com ordens claras e com justiça, bondade e carinho, quando ele o merecer.

Essas ordens dadas ao cão vão, aos poucos, sendo substituídas por gestos, como verificaremos mais adiante.

8.5. ALGUMAS REGRAS

Temos, ainda, algumas regras que devem ser seguidas durante o ensino ou treinamento dos cães e a sua convivência com os homens.

Destacam-se, entre elas: não puni-los por alguma falta mas, ao mesmo tempo, dar-lhes oportunidade de repeti-la; estimular os cães, durante o ensino, através de elogios, carinhos e até recompensas como guloseimas, quando o merecem, ou repreendê-los e até castigá-los quando for necessário.

Por mais inteligentes que sejam os cães, sua inteligência é limitada, indo até certo ponto, mas eles não deixam de "pensar" e de se comportar como animais. Por esses motivos, é necessário orientar e controlar o seu comportamento, em certos casos, como os que se seguem: mesmo cães que nunca brigaram, um dia têm a sua primeira luta, pois é da sua natureza lutar. Mesmo que o seu dono o chame, o cão não o atende, pois não foge da briga para não ficar desmoralizado; para separar uma briga, não adianta bater nos cães, pois eles nem sentem as pancadas, sendo melhor jogar água no seu focinho e só tentar separá-los, quando eles pararem de brigar. Quando não houver água, devemos agarrar as suas pernas traseiras e puxá-las para cima e para um dos lados,

enquanto outra pessoa faz o mesmo com outro cão, pois isso termina com a briga. Não devemos tentar separar os cães, pela frente, para evitar mordidas. Quando dois cães que sempre foram amigos, brigam, isto significa uma herança dos seus antepassados ou de sua origem, quando os cães lutavam pela liderança dos seus bandos.

Além disso: os cães consideram o homem como seu chefe e líder indiscutível; os cães são inimigos naturais de outros animais como gatos, por exemplo, mas, quando criados juntos desde pequenos ou quando a "apresentação" entre eles, é bem feita, eles se tornam grandes amigos. Conhecemos casos de cadelas amamentarem e "adotarem" gatinhos, zelando por eles, até depois de adultos; cães que deitam em "sujeiras" como estercos, animais mortos, etc., não são "sujos" ou "porcos", como pode parecer, pois estão fazendo, apenas o que faziam os seus ancestrais, para "pegarem" algum cheiro diferente e poderem surpreender a caça, mesmo com vento desfavorável.

Devemos evitar que os cães aprendam a abrir portas e portões pois, se o fizerem, podem fugir para a rua, desaparecendo, sendo roubados, capturados pela "carrocinha" ou atropelados e mortos.

8.6. A PALAVRA "NÃO"

Quando um cão ouvir a palavra NÃO, que deve ser dita, sempre, em tom enérgico ou zangado deve parar, imediatamente, o que estiver fazendo.

Se ele, por exemplo, estiver roendo ou comendo alguma coisa, receber a ordem "NÃO" e continuar a fazer o que estava fazendo, deve ser castigado. Devemos bater nele, com um jornal enrolado e, ao mesmo tempo e com energia, dizer-lhe "NÃO".

Fazendo o cão obedecer a ordem "NÃO", poderemos evitar uma série de problemas como, por exemplo, que um cão ataque uma criança.

Os cães, principalmente os *poodles*, são muito inteligentes e, se não forem tratados e ensinados com a energia necessária, percebem a fraqueza ou a falta de energia do seu dono e podem até mesmo dominá-lo, passando a só fazerem o que querem e até passam a ser "os donos da casa", pois todos, nela, passam a viver em função desses cães.

É necessário demonstrar-lhes sempre, o que queremos, pois eles não podem adivinhar o que devem fazer. Devemos saber, também, que os cães podem comunicar-se com os homens, naturalmente, à sua maneira, bastando saber interpretá-la para compreendê-los, através da sua "linguagem".

8.7. COMO TIRAR AS "MANHAS" DOS CÃES

Não devemos deixar que os cãezinhos façam, quando pequenos, por mais engraçado que seja, o que não admitiremos que façam quando maiores como, por exemplo: pular sobre as pessoas, mesmo que para agradar; correr atrás de aves e de outros animais (gatos, etc.); roer objetos; deitar em poltronas, sofás, cadeiras ou camas; pular as cercas; "caçar" os carros que passam; roubar comida; latir demais; "sujar" dentro de casa, etc.

Devemos nos lembrar de que os cães reconhecem o seu dono, mais pelo cheiro do que pela visão e também, que os cães não entendem as palavras, mas que apenas reconhecem os sons e os seus tons, reagindo de acordo com eles e não com as palavras que lhes são dirigidas.

Devemos saber também, que quando os cães levantam e dão a pata para uma pessoa, estão querendo ou pedindo alguma coisa pois, quando mamavam e empurravam a mama da cadela, com a pata, dela saía leite.

Devemos dar-lhes brinquedos como bolas, ossos artificiais, etc., para que eles se acostumem com eles e para que, quando ficarem sozinhos, em casa, tenham com o que brincar e não peguem coisas que não devem, como almofadas, tapetes, sapatos, etc., que, certamente, estragarão.

8.8. COMO EVITAR QUE O CÃO ARRANHE A PORTA PARA ENTRAR

Um cão pode ser colocado fora da casa, ficando no quintal, no jardim ou na varanda. Muitas vezes, no entanto, ele quer entrar na casa e começa a arranhar a porta com as patas da frente, tentando abri-la ou para chamar a atenção de alguém que o deixe entrar.

Esse hábito deve ser combatido pois, além do barulho que o cão faz ao arranhar a porta, a estraga e geralmente, ainda fica chorando ou ganindo.

Para evitar que isso aconteça, quando o cão começar a arranhar, devemos abrir a porta, com energia e dar-lhe a ordem "NÃO". Se o cão voltar a arranhar, tornamos a abrir a porta, dizemos "NÃO", com mais energia ainda e com um jornal enrolado, damos-lhe uma pancada no focinho e repetimos "NÃO". Normalmente, isso é suficiente para o cão não mais arranhar a porta para entrar na casa.

8.9. NÃO MEXER NAS COISAS

O filhote deve ser impedido de mexer nas coisas e de roer tudo o que encontra: móveis, tapetes, sapatos, toalhas, enfeites, almofadas, etc. O melhor é tirar do seu alcance, tudo o que for possível, até que ele seja ensinado a não mais mexer no que não deve.

Para começar o treinamento, devemos dar-lhe brinquedos especiais, para que ele tenha o que fazer, brincando e se distraindo com eles e esquecendo os objetos da casa. Entre esses brinquedos, temos as bolas como as de tênis que, rolando, o fazem persegui-las, satisfazendo seu instinto de caçador; um osso grande, como o mocotó de vaca porque, pelo seu cheiro, atrai mais o cão do que todos os objetos que possa encontrar, etc.

É preciso, também, que o dono ensine ao seu cão, o que é permitido e o que é proibido. Para isso, deve ensinar-lhe o significado da palavra "NÃO".

8.10. AS ORDENS "NÃO" E "PEGA"

Cremos que sejam as mais importantes dadas aos cães, e que muito importante é que sejam obedecidas imediatamente porque:

• a primeira, "NÃO", é uma garantia de fazer o cão parar, imediatamente, o que estiver fazendo, seja o que for e que não queremos que ele faça. Essa ordem poderá evitar até acidentes graves como, por exemplo, se o cão estiver atacando uma pessoa e parar imediatamente, ao receber a ordem "NÃO";

• a segunda, exatamente o contrário da primeira, fará com que o cão pegue ou avance, imediatamente, contra o que o dono mandar, ou seja, pessoas, cães ou outros animais.

Um bom treinamento, que sempre fazemos e com os melhores resultados, com os nossos cães é, justamente, "NÃO" e "PEGA".

Para isso, devemos proceder da seguinte maneira: *1)* pegamos um objeto, de preferência já conhecido do cão, em suas brincadeiras e o prendemos na ponta de uma cordinha de 2 a 3m de comprimento; *2)* fazemos o cão ficar parado de pé e de frente para nós e mais ou menos à distância do comprimento da cordinha; *3)* começamos, então, a girar a cordinha, bem devagar, fazendo com que o objeto preso a ela, se movimente em círculo, passando perto de onde está o cão que o fica acompanhando com a vista e dizemos "NÃO", a cada passagem do objeto, um pouco mais alto do que a cabeça do animal; *4)* a certa hora, damos a ordem "PEGA" e o cão abocanha o objeto quando passa perto dele. Paramos, damos a ordem "LARGA", elogiamos o animal e voltamos a repetir o exercício; *5)* voltamos a rodar a cordinha, mas vamos, depois, alternando as ordens "NÃO" e "PEGA" e ao mesmo tempo, vamos aumentando, também, a velocidade e a altura do objeto, em relação ao cão.

Esse exercício, além de ser muito bom para ensinar obediência ao cão, é ótimo para o seu preparo físico e para treiná-lo a saltar e pegar objetos em movimento, o que o cão, depois de certo tempo, faz com uma precisão extraordinária.

Dessa maneira, o cão fica tão treinado a obedecer que é muito interessante vê-lo dando um enorme salto, com a boca aberta, para pegar o objeto e, ao receber a ordem "NÃO", embora já o tenha a seu alcance, às vezes até batendo-lhe na boca, não a fechar, obedecendo, imediatamente, a ordem que lhe foi dada.

8.11. "PEGA" E "LARGA"

Em uma segunda etapa do exercício anterior, quando o cão já está bem treinado, devemos ensinar-lhe a obedecer a uma nova ordem: "LARGA".

Para isso, devemos: 1 - pegar o mesmo objeto utilizado no exercício anterior, jogá-lo à distância e, ao mesmo tempo, dar ao cão a ordem "PEGA". O cão obedece, vai buscá-lo e quando chega de volta, com o objeto, senta-se à nossa frente; 2 - dar a ordem "LARGA" e o cão, imediatamente, solta o objeto no chão; 3 - a terceira e última etapa desse exercício é dar a ordem "PEGA", o cão atacar ou só espantar outros animais e mesmo pessoas e, depois, a ordem "NÃO", para que não os ataque, morda ou persiga.

8.12. A ANDAR JUNTO AO DONO

Quando desejamos passear com o cão, é necessário ensiná-lo a andar junto, no mesmo passo ou na mesma velocidade, sem parar a toda hora e por qualquer coisa e sem nos "arrastar". Para isso, devemos treiná-lo da seguinte maneira: *1)* fazer o cão andar sempre do nosso lado esquerdo, na mesma direção e com a cabeça na altura do nosso joelho; *2)* quando ele se afastar, batemos com a mão na nossa perna esquerda e, ao mesmo tempo, damos a ordem "JUNTO"; *3)* devemos andar, sempre, mais ou menos no mesmo passo que cão, não o deixando avançar ou atrasar, para o que puxamos sua guia; *4)* nas primeiras aulas, devemos andar somente em linha reta e, depois, nas seguintes, em diversas direções; *5)* as aulas devem ter uma duração de 10 a 20 minutos, pois não devemos cansar muito o cão; *6)* não bater, nunca, no cão, com a guia, para que ele não associe a guia a castigo; *7)* devemos, ainda, elogiar e até acariciar o cão, sempre que ele fizer bons exercícios; *8)* só castigar o animal, em último caso, quando não houver outra saída; *9)* quando ele fizer algo errado, devemos dizer-lhe, energicamente "NÃO" e quando o merecer, devemos agradar-lhe com um "MUITO BEM".

Quando o cão já anda normalmente, ao nosso lado, sem a necessidade de puxões na guia, isso indica que ele já pode ser treinado sem ela. O melhor é, no primeiro dia, mantê-lo normalmente na guia; mas, durante a caminhada, soltar a guia, sem que ele o perceba, mas sempre andando e dando as ordens, normalmente. Não havendo problemas, podemos continuar os exercícios, sem a guia mas, se necessário, basta prendê-lo, outra vez e continuar os exercícios, normalmente.

Durante os exercícios devemos conversar com o cão, para que haja maior comunicação entre nós e ele mas, ao mesmo tempo, devemos manter a guia esticada, mas sem forçá-la, para puxá-la com rapidez, se for necessário.

8.13. A SENTAR

É um treinamento muito fácil. Basta, com o cão parado, fazer o seguinte:

1º) com uma das mãos, puxamos a guia para cima;

2º) com a outra mão, fazemos uma pressão para baixo, sobre a anca ou a garupa do cão e ficamos, assim, mantendo-o sentado;

3º) se ele tentar se levantar, nós o forçamos a permanecer sentado, sempre com a ordem "SENTA" e o elogiamos, se ele obedecer.

8.14. A SENTAR NA VERTICAL NAS PERNAS TRASEIRAS

Muitos donos querem que os seus cães sentem, como o fazem os cães, nos circos, sem se apoiarem nas patas dianteiras. Isso é fácil de ensinar a um cão já acostumado a obedecer.

Para isso, devemos: dar a ordem para o cão sentar, normalmente. Depois, pegamos as suas 2 patas da frente e as levantamos, para que o cão fique com o corpo na posição vertical e o mantemos, assim, "ajeitando-o" para que ele consiga um certo equilíbrio para que se possa manter nessa posição, o que conseguirá com algumas aulas.

É importante, no entanto, que, enquanto o estamos colocando e mantendo na posição desejada o agrademos e lhe façamos elogios.

8.15. A DEITAR

Para obtermos os resultados desejados, devemos: *1º)* obrigar o cão a sentar-se; *2º)* pegando seus membros anteriores, os levantamos e os esticamos um pouco para a frente e os colocamos no chão; *3º)* a seguir, fazemos uma pressão para baixo, sobre sua cernelha; e, *4º)* damos a ordem "DEITA" e o obrigamos a permanecer nessa posição, até receber uma nova ordem.

Outra maneira de fazer o cão deitar é: com uma das mãos, pegar a guia, junto à coleira e forçá-la para baixo e ao mesmo tempo e com a outra mão, forçar o corpo do cão, também para baixo.

Um terceiro método é passar a guia por baixo do sapato, que serve como uma roldana ou talha e, puxando-a para cima, forçar o pescoço do cão para baixo, ao mesmo tempo em que damos a ordem "DEITA"!

Com algumas aulas, ele passará a obedecer e deitará, imediatamente, se receber a ordem para isso e ficará deitado, mesmo que saiamos de perto dele e até receber uma nova ordem para se levantar.

8.16. A VIR ATÉ ONDE ESTÁ O DONO

Quando for chamado, o cão deve obedecer, imediatamente, a ordem "AQUI" e vir correndo, diretamente na direção do seu dono, não parando para nada. Para que ele, no entanto, o faça de boa vontade, é necessário que, ao chegar, no princípio do treinamento, receba agrados, elogios e até guloseimas, mesmo que ele não obedeça, como devia, o que vai sendo corrigido durante as aulas, pois o cão sabe que vai ser bem recebido.

Quando necessário, nas primeiras aulas, o cão pode ser preso a uma guia longa, de 20 ou 30 metros, para ser puxada quando o cão não obedecer imediatamente a ordem "AQUI" e não vier correndo para o seu dono.

Ao chegar, o cão tem que sentar-se em frente ao seu dono ou treinador e assim permanecer até receber nova ordem, em geral, "JUNTO", para ele se colocar sentado do nosso lado esquerdo.

Quando o cão não vem, atendendo o chamado, não devemos, nunca, ir até onde ele está ou dele nos aproximarmos, mas obrigá-lo a obedecer.

O cão pode ser treinado, da mesma forma, para atender ao chamado do dono, por um assobio ou até por apito. Existe, para isso, até um apito especial, em uma freqüência de onda que o ouvido humano não pode detectar, mas que o do cão o faz.

8.17. A PARAR E FICAR EM PÉ

O dono vai caminhando normalmente, com o cão do lado esquerdo e, também, normalmente, pára e ao mesmo tempo, dá a ordem "EM PÉ", "PÉ" ou então, "STAY" ou "STEH", que são sons semelhantes e, ao mesmo tempo, coloca a mão no focinho do cão. Se ele tentar sentar, como aprendeu, o dono deve dar alguns passos para a frente e repetir a operação, mas forçando a guia para cima. Se isso não der certo, colocar a mão por baixo da barriga do cão, forçando-a para cima e ao mesmo tempo, elogiando-o quando ele ficar em pé. Esse exercício deve ser feito com a guia e depois, sem ela.

É aconselhável acostumar o cão a ficar parado e calmo, mesmo quando há movimentação de pessoas a seu redor, para que não estranhe quando estiver no meio de multidões ou quando for apresentado em exposições, inclusive à aproximação dos juízes, pois disto depende, muitas vezes, a sua classificação.

8.18. A PARAR DE LATIR

Devemos ensinar o cão a parar de latir ou a calar-se, ficando quieto, quando o desejamos.

Para isso, usamos a ordem "QUIETO" e também o sinal mão aberta com os dedos bem separados, com a palma da mão para baixo e com um movimento rápido no sentido horizontal.

O treinamento consiste em mandar o cão latir e depois, dar o comando "QUIETO", para ele se calar. Repetindo várias vezes, ele aprende logo a lição.

A segunda etapa é dar a ordem "QUIETO" fazendo, ao mesmo tempo, o sinal com a mão. Quando ele não quiser calar-se, devemos colocar a mão na frente do seu focinho, que ele pára logo.

A terceira etapa é dar a ordem para ele parar de latir, mas somente fazendo o sinal com a mão, como já mencionamos.

8.19. A RECUSAR COMIDA ACHADA OU OFERECIDA POR ESTRANHOS

A primeira providência, para isso, é ensinar ao cão, desde pequeno, a só comer no seu prato e sempre no mesmo horário. O melhor, também, é não colocar o prato, no chão, mas sobre um apoio qualquer, como um banquinho, um suporte, um caixotinho, etc., mas sempre no mesmo lugar. O cão não deve, também, ficar em volta da mesa, na hora das refeições ou andando pela cozinha ou pela copa, recebendo pedaços de comida, doces, pães, etc., ou os catando no chão, pois isso atrapalha, completamente, o seu treinamento.

Além disso, quando o cão está acostumado a comer a qualquer hora, quando estiver com fome, provavelmente passará até a roubar alimentos porque, para ele, catar migalhas no chão ou tirar um assado inteiro, da mesa, é a mesma coisa.

Para ensiná-lo a não comer o que encontra ou o que lhe é dado por estranhos, devemos segurá-lo na guia e pedir a um estranho que lhe jogue um pedaço de carne.

Quando o cão tenta abocanhá-lo, dizer-lhe "NÃO", com toda a energia. Se ele insistir, devemos dar-lhe uma pancada com um jornal enrolado e ao mesmo tempo, repetir-lhe "NÃO".

Depois de repetir essa lição, o cão não mais tenta comer a carne. Quando isso acontecer, passamos à segunda etapa do treinamento. Ela consiste em, sem que o cão o perceba, colocar um pedaço de carne em um lugar qualquer em que costumamos ficar com ele como, por exemplo, uma praça ou um jardim e depois o soltamos.

Logo que ele a descobrir e tentar comê-la, dizemos "NÃO", com energia e embora ele não a toque, ficará perto da carne.

Chegamos, então, perto dele, mandamos que deite, apontamos para a carne e repetimos "NÃO". Vamos, depois, nos afastando devagar e de longe continuamos a vigiá-lo, para ordenar-lhe, novamente, se necessário, com a palavra "NÃO".

Outra etapa neste treinamento é ordenar-lhe "FIQUE LÁ" e nos afastarmos saindo, inclusive, da vista do cão, mas ficando escondidos para vigiá-lo.

Para completar o treinamento, devemos espalhar as mais variadas comidas, em diferentes lugares, sempre vigiando o cão, para ordenar-lhe "NÃO", quando tentar comer alguma delas. Repetir a lição, quantas vezes forem necessárias, até que ele não mais tente comer as coisas que encontra.

Quando, no entanto, o cão não quer aprender, não obedece às ordens e pega as comidas que encontra, podemos adotar outro método que é o das **iscas com gostos desagradáveis** para ele como, por exemplo, a pimenta.

Caso as iscas, também, não dêem resultado temos, como último recurso, o choque elétrico, mas que deve ser fraco. Para isso, ligamos um fio elétrico a um pedaço de carne ou a outro alimento de que o cão goste. Quando este encosta na isca, para comê-la, recebe um choque e a larga.

Devemos empregar vários alimentos como iscas e colocá-los em diferentes lugares, para que o cão associe: comida achada em qualquer lugar fora do seu prato, dá choque, dá dor.

O cão ensinado a só comer comida dada por seu dono ou em sua casa, poderá se livrar de sofrimentos e até mesmo de morte horrível por envenenamentos causados por alimentos estragados que encontre e coma ou por iscas envenenadas que lhe poderão ser atiradas por assaltantes ou por pessoas que deles queiram se livrar ou vingar, mas sempre pessoas de maus sentimentos e de mau caráter.

Famosas eram as "bolas", em geral bolos de carne envenenado que, há alguns anos, eram atiradas aos cães de rua para caçá-los, embora já mortos, para a "limpeza" das cidades, dos cães vadios, ou vira-latas que eram os maiores transmissores da raiva aos homens.

Poodles
Shining Star Kennel
Propriedade de
Eduarda Coutinho
São Paulo

Capítulo 9

Como Evitar a Reprodução

9.1. DA CADELA

Para evitar que a cadela se reproduza, há as seguintes alternativas: não deixar que fique solta ou perto de um macho, quando ela estiver no cio, para evitar que seja por ele coberta e entre em gestação; vesti-la com uma "fralda" ou calça o que, além de impedir o acasalamento, evita que quando no cio, suje os tapetes e os lugares por onde passa, com o sangue que, nessa época, sai pela sua vulva ("menstruação"); empregar substâncias repelentes, especiais para serem pulverizadas nas proximidades dos seus órgãos genitais, para que o seu cheiro mascare o "cheiro" que a cadela exala quando está no cio, evitando que algum macho dela se aproxime e faça a cobertura. Essa medida, no entanto, não é muito confiável, principalmente a partir do 10° dia do cio; administrar à cadela, produtos anticoncepcionais (pílulas), mas somente com receita de médico veterinário; "amarrar" ou fazer a laqueação das trompas; castrar a cadela, ou seja, retirar os seus ovários, tornando-a estéril, definitivamente.

9.2. ABORTO PROVOCADO

Quando, apesar de todos os cuidados do seu dono, a cadela for acasalada, para evitar que entre em gestação, ela poderá receber substâncias abortivas, mas somente com receita de um médico veterinário.

9.3. RETIRADA DO ÚTERO OU HISTERECTOMIA

No caso de uma cadela entrar em gestação e de a completar, chega o momento do nascimento dos filhotes.

No caso de surgir algum problema sério, que torne o parto difícil ou impossível, a solução, normalmente, é a cadela ser submetida a uma operação cesariana.

Quando isso ocorre, o operador faz uma incisão "na barriga" da cadela e depois, outra, no seu útero, para abri-lo.

Aberto o útero, os filhotes são retirados, um a um, de acordo com a técnica operatória indicada. Depois, o útero e o ventre são "costurados", terminando a operação.

Quando, no entanto, o dono da cadela não quer mais que ela se reproduza, pode aproveitar para fazer com que ela fique estéril.

Para isso, o cirurgião pode:

1) fazer o ligamento das trompas;

2) castrar a cadela, retirando os seus ovários; e,

3) retirar o seu útero inteiro, as trompas e os ovários.

As três providências mencionadas tornam a cadela total e definitivamente impedida de se reproduzir, embora possa ter uma vida normal, como a que levava antes da operação.

9.4. NO CÃO

Para evitar que o cão se reproduza, as alternativas são:

1) **impedir o seu contato com uma cadela no cio,** pois ele, sendo normal, certamente faria a sua cobertura;

2) fazer a **vasectomia,** ou seja, a ligadura dos condutos ou canais deferentes, pelos quais os espermatozóides saem dos testículos e vão para a vesícula seminal, que se abre, diretamente, na uretra. Isso deixa de ocorrer depois da operação, ficando o cão estéril, mas com o seus instintos sexuais normais;

3) **castração,** retirando os 2 testículos do animal, para que fique estéril e se desinteresse pelas fêmeas.

9.5. APARELHO REPRODUTOR MASCULINO

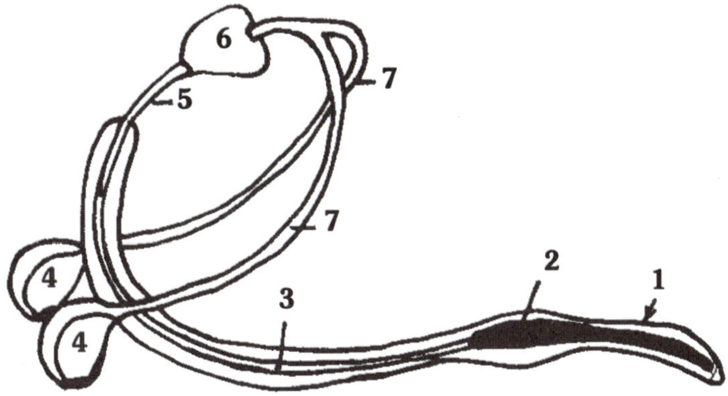

1. Pênis - 2. Osso Peniano - 3. Uretra
4. Testículos - 5. Uretra - 6. Próstata - 7. Canais Espermáticos

9.6. APARELHO REPRODUTOR FEMININO

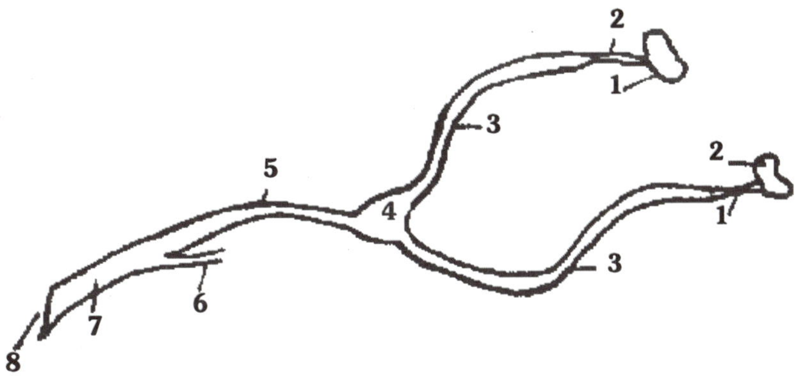

1. Ovários - 2. Trompas Uterinas - 3. Cornos do Útero
4. Útero - 5. Vagina - 6. Uretra - 7. Vestíbulo - 8. Vulva

Shambinho e Rebeka
"engatados"
no acasalamento.
Visto de frente.
Canil Macoes
Propriedade de
Elisabeth Coe
São Paulo.

Capítulo 10

Cria e Reprodução

Para haver reprodução é necessário o acasalamento do cão com a cadela (exceto quando é feita a inseminação artificial), permitindo a fecundação, com a formação de ovos férteis que, pela gestação, se transformam em embriões e estes, em fetos.

10.1. A ESCOLHA DOS MACHOS OU PADREADORES

É de grande importância, porque eles irão transmitir aos filhotes, as suas boas ou más características. Deles depende, portanto, a melhoria da criação e a qualidade das ninhadas, embora também da fêmea dependa, em grande parte, o sucesso da criação, como verificaremos mais adiante.

Para entrarem em reprodução, os machos devem ser puros e terem todos os órgãos genitais perfeitos e todo o seu aparelho reprodutor funcionando normalmente. Além disso, devem apresentar uma série de características, entre as quais: serem sadios, rústicos, precoces, bem conformados, vivos, fortes, vigorosos, de constituição robusta, ágeis, impetuosos; não muito gordos mas bem musculosos; livres de pus, corrimentos ou calombos, pelo corpo; terem o focinho úmido; os pêlos de acordo com a sua raça; não serem nem muito jovens nem muito velhos, para que possam ser utilizados, com o máximo de aproveitamento, durante mais tempo; não apresentarem defeitos genéticos; possuam acentuadas características sexuais e raciais e que, quando empregados na reprodução, que suas aptidões sejam comprovadas através de um controle prévio;

provenientes de ninhadas numerosas e de preferência, que sejam conhecidas as características dos seus ascendentes (pais e avós), pois maiores serão as possibilidades de os seus filhos corresponderem ao desejado.

Para que seja feita uma boa seleção dos reprodutores é necessário que eles sejam identificados por um nome ou número e que haja um controle da sua vida, das suas coberturas, da sua descendência, etc.

10.2. SELEÇÃO DAS FÊMEAS OU MATRIZES

As características desejadas nas cadelas, para que se reproduzam, são: serem sadias, vivas e não muito gordas; terem o focinho úmido e os pêlos de acordo com os padrões da sua raça; não serem nem muito jovens nem muito velhas, para que possam ser aproveitadas durante mais tempo; terem linhas finas; serem bem conformadas e compridas; terem o seu terço posterior mais desenvolvido; serem mansas e calmas e terem as características da sua raça. É indispensável, no entanto, que sejam fecundas, férteis, prolíficas e boas criadeiras, além de possuírem uma boa capacidade leiteira, pois essas características são de grande importância e fatores de sucesso, na reprodução dos cães. As cadelas que não produzirem leite durante 30 a 35 dias devem ser descartadas da reprodução.

As fêmeas entram em reprodução mais cedo do que os machos mas, em compensação, terminam sua missão também mais cedo, porque as gestações e lactações sucessivas desgastam muito o seu organismo.

As primeiras coberturas e as crias obtidas já dão uma boa orientação sobre as qualidades das fêmeas como reprodutoras e criadeiras. Quando elas não produzem filhotes fortes, sadios, de bom tamanho e peso e em número satisfatório; quando a mortalidade dos filhotes é elevada ou eles são fracos e não atingem um bom desenvolvimento na desmama, elas devem ser eliminadas da reprodução, porque isso revela que são más criadeiras ou más reprodutoras.

As boas cadelas *poodles* dão, com facilidade, 2 partos por ano, variando o número de filhotes, por parto, em geral, de 4 a 8 filhotes.

É aconselhável deixar com a cadela, 4 a 6 filhotes, no máximo, para que sejam obtidos animais sadios e bem desenvolvidos.

Seguindo essa orientação, o criador já tem uma boa base para adquirir os reprodutores, o que só deve fazer, no entanto, de criadores competentes e idôneos ou em casas especializadas, de confiança.

Importante, ainda, é o criador não se entusiasmar apenas pela beleza dos animais: é necessário fazer um exame rigoroso de cada um deles, principalmente dos machos, pois deles depende, em grande parte, a qualidade ou a melhoria do plantel e o sucesso ou o fracasso da criação.

10.3. IDADE PARA A REPRODUÇÃO

Os cães já podem se reproduzir quando atingem a puberdade, o que ocorre quando estão com 6 a 10 meses de idade, quando as cadelas têm o seu primeiro cio e os machos já produzem espermatozóides. Não aconselhamos, no entretanto, a sua reprodução com essas idades, porque ainda são muito novos e terão o seu desenvolvimento prejudicado com o desgaste da reprodução, principalmente as cadelas, que terão de suportar uma gestação e uma lactação sucessiva, o que lhes provoca um grande desgaste físico, principalmente quando a ninhada é grande.

O melhor é realizar o primeiro acasalamento quando a fêmea tiver o seu segundo cio. Além disso, as cadelas muito novas ainda não possuem o instinto maternal desenvolvido e nem sempre cuidam dos seus filhotes como o fazem, normalmente, podendo até abandonar as suas crias.

Para obter os melhores resultados, o criador deve possuir somente reprodutores selecionados, de elevado padrão, tanto machos quanto fêmeas, além de controlar todas as etapas da reprodução de seus cães, pois isso é indispensável para que obtenha bons animais e os melhores resultados econômicos, quando sua criação é comercial.

10.4. CICLO ESTRAL OU SEXUAL DA CADELA

Como as outras fêmeas mamíferas, a cadela apresenta um ciclo estral que se repete, em média, duas vezes ao ano, ou seja, de 6 em 6 meses e que tem as seguintes fases:

1ª) proestro, cuja duração é de 9 dias e durante a qual a cadela apresenta a vulva inchada, perda de sangue ou menstruação e atração pelo macho;

2ª) estro ou cio, durando, também, 9 dias. O sangue pára e a cadela, não só aceita, mas procura o macho para o acasalamento. A ovulação ocorre nos 2 ou 3 primeiros dias dessa fase;

3ª) metaestro é a fase de regressão e sua duração é variável, de mais ou menos 3 meses;

4ª) anestro, é o período ou a fase de repouso ou inatividade dos ovários e sua duração é de 2 meses, terminando quando se inicia o novo ciclo estral.

Na prática, a fase mais importante para o criador e a mais esperada é o estro ou cio, porque é o período fértil, no qual são realizados os acasalamentos que devem ser efetuados 2 a 3 dias após o término da hemorragia, ou seja, 11 a 12 dias do início da perda de sangue. A duração média do cio é de 9 dias, mas pode variar de 5 a 12 dias, de acordo com o tamanho ou raça da cadela.

10.5. O CIO

É na puberdade que aparece o primeiro cio. Quanto menor a raça ou variedade da cadela, mais cedo ela tem o seu primeiro cio. Nas cadelas *poodles* ele ocorre, geralmente, entre os 6 e 10 meses de idade, se repete duas vezes ao ano e dura, em média, 9 dias, embora possa ir de 5 a 12 dias.

É o período em que a cadela, não só aceita o macho, mas até o procura. É nessa fase que ocorre a ovulação, provavelmente no 2° ou no 3° dias desse período.

Na prática, é a fase mais importante para o criador, pois é o período mais esperado, porque é durante o cio que são realizados os acasalamentos que, como já o mencionamos, devem ser efetuados 2 a 3 dias após o término da hemorragia ou "sangue", ou seja, 11 a 12 dias após o início da menstruação.

Para verificar quando termina a perda de sangue, basta fazer a cadela dormir sobre um lençol branco ou claro, pois todas as noites ele ficará "sujo" de sangue. No primeiro dia em que ele amanhecer "limpo", é sinal de que a hemorragia já parou. Basta, então, contar 11 ou 12 dias do início do "sangue", para fazer o acasalamento.

Uma alimentação má ou defeituosa, muito abundante ou afrodisíaca, a consangüinidade, distúrbios glandulares, etc., podem provocar a diminuição ou até mesmo, a ausência do cio.

Algumas doenças, quistos ovarianos, etc., podem provocar um cio permanente nas fêmeas que, por isso, são denominadas ninfômanas. Cadelas há que têm problemas de inflamação no útero (metrite) e em conseqüência, sua menstruação tem uma duração anormal.

Não deixar as fêmeas engordarem muito é importante porque, as muito gordas, dificilmente engravidam e o excesso de gordura torna o parto difícil, trazendo grandes sofrimentos para a cadela.

10.6. ANTES DO ACASALAMENTO

Devemos nos lembrar de que, principalmente quando a fêmea é virgem e o macho também o é, o acasalamento, às vezes, se toma bastante difícil, sendo necessária a intervenção do dono, para "ajeitar as coisas".

Antes de juntarmos o casal, para o acasalamento, devemos tomar alguns cuidados, entre os quais: - não acasalar fêmeas no seu primeiro cio, mas somente do segundo cio em diante; - para *poodles*, a melhor época para o primeiro acasalamento é entre os 12 e 18 meses de idade, no segundo cio; - quando os cães não são mais ou menos da mesma idade, o melhor é acasalar um macho novo com uma fêmea mais velha e experiente ou um macho mais velho e experimentado, com uma cadela mais jovem, principalmente quando ela é virgem; - examinar os órgãos reprodutores dos machos e das fêmeas, só permitindo o acasalamento de cães que os possuam perfeitos em sua forma e que não apresentem defeitos, inflamações, infecções, corrimentos, cortes, feridas, abscessos, tumores, etc.; - a cobertura pode ser realizada, tanto na casa do macho quanto na da fêmea ou em qualquer outro local, mesmo que desconhecido para ambos os cães, mas desde que seja um tanto isolado e calmo, para que ele se realize, normalmente; - só acasalar animais que sejam mais ou menos do mesmo tamanho, para evitar problemas, não só no acasalamento, pois o maior pode sair "arrastando" o menor, quando estão "engatados", causando ferimentos mais ou menos graves, nos seus órgãos sexuais, mas também no parto, quando machos são acasalados com cadelas muito menores do que eles, produzindo fetos muito grandes para o tamanho da cadela; - só acasalar animais em perfeitas condições de saúde e livres de parasitas externos ou internos (vermes); - nos *poodles*, tosar os pêlos das regiões genitais das fêmeas, para facilitar a penetração e evitar ferimentos no pênis do macho, durante o acasalamento; - a boca da fêmea pode ser amarrada, por precaução, para evitar que ela morda o macho; - realizar o acasalamento 2 a 3 dias após cessar a perda de sangue (hemorragia); preparar, para o acasalamento, um ambiente que deve ser calmo, sem barulhos e silencioso, porque alguns padreadores se distraem com muita facilidade e por isso, as pessoas não devem ficar andando de um lado para o outro, conversando, cantando, etc.; - outros cães devem ser afastados dos locais em que se realiza o acasalamento.

O melhor dia para a cobertura é quando a cadela levanta a cauda ou a afasta para um dos lados, de maneira especial, para "seduzir" o macho, pois isso facilita o acasalamento.

Embora seja praticamente desnecessário, o acasalamento pode ser repetido nos 2 dias seguintes.

10.7. A CERIMÔNIA DO ACASALAMENTO

Para a realização do acasalamento, devemos proceder da seguinte maneira, quando o macho e a fêmea vão se ver pela primeira vez, ao serem colocados juntos: - uma pessoa segura o cão e uma outra, a cadela, mantendo-os separados, a uma certa distância um do outro, pela guia, para que eles se vejam e para que possam ser observadas as suas reações em relação um ao outro; quando um deles tenta avançar sobre o outro, deve ser acalmado com palavras; - aos poucos, deixar que os dois se aproximem um do outro, até que lhes seja permitido que se cheirem; - caso comecem a abanar a cauda e não demonstrem sinais de agressividade, as guias podem ser afrouxadas para que se reconheçam melhor, o que fazem, cheirando, principalmente as regiões anal e genital do seu parceiro; - não havendo nenhuma reação de um ou de ambos os animais, eles podem ser soltos, à vontade, livres para o acasalamento que, quando a fêmea está no cio e o macho é normal, será realizado, normalmente; - terminado o ato sexual, os animais se separam normalmente e devem ser colocados isolados um do outro, pois somente uma cobertura é suficiente para que haja a fecundação e a cadela entre em gestação. Caso, no entanto, o criador queira repetir o acasalamento, "para garantir", basta juntar o casal uma ou duas vezes mais, nos dias seguintes, pois a cadela ainda receberá o macho, por mais uns 5 a 7 dias.

Depois do acasalamento e terminado o cio, a cadela volta à sua vida normal. Não há necessidade de alterar os seus hábitos nem a sua alimentação, até ficar comprovado que ela entrou em gestação.

No caso de canis, o ideal seria cobrir duas ou mais cadelas, no mesmo dia, para que fosse possível, se necessário, passar filhotes excedentes de umas para outras, com poucos filhotes e que serviriam de amas-de-leite para os que lhes fossem confiados.

10.8. O ACASALAMENTO

É o ato realizado entre animais de sexos diferentes e tem, como objetivo, a **fecundação** dos óvulos, pelos espermatozóides ejaculados pelo macho, dentro da vagina da fêmea. Sem fecundação não há reprodução.

O acasalamento deve ocorrer na presença do criador, não só para que ele comprove a sua realização, mas também para que possa intervir, se necessário. Ele acontece devido à atração sexual que o macho sente pela fêmea e esta por ele, atração esta estimulada pelos hormônios sexuais que, na fêmea, provocam o seu "cheiro" típico, quando ela está no cio e que atrai os machos, até a longas distâncias.

Deve ser realizado no 11º, 12º ou até o 16º dias após haver "parado o sangue" da cadela, o que varia um pouco, pois o melhor dia está nesse período, não havendo um dia certo, como o melhor para a cadela enxertar.

Os melhores dias são aqueles em que a cadela aceita o macho com maior facilidade, o procura e até monta nele ou em outras cadelas, "anunciando", assim, que está em pleno cio.

Um sinal típico e importante, porque significa que a cadela está no cio e bastante excitada, é que ela desvia a cauda para um dos lados, deixando livre a sua vulva , quando um macho ou mesmo uma cadela chega perto dela ou tenta montá-la.

Para maior garantia de fecundação da fêmea, o acasalamento pode ser repetido 1 hora depois, quando não for realizado normalmente ou 24 ou 48 horas depois, para maior garantia de obter uma gestação.

Nos cães, a cópula dura, geralmente, 15 minutos contados a partir da penetração do pênis, até que o casal se separe, normalmente, embora possa levar 30 minutos ou até mais tempo.

Quando o dono de uma cadela "contrata" um padreador para cobrir a sua cadela, considera o serviço satisfatório quando os dois animais ficam "juntos" ou "engatados", pelo menos, durante 15 minutos.

A ejaculação, do cão, é feita lentamente e em gotas.

Devemos chamar a atenção para um aspecto muito importante do acasalamento dos cães, ou seja: o pênis do cão, ao penetrar na vagina da cadela, ainda se encontra um tanto flácido, mais ou menos "mole". Logo, porém, que fica em seu interior, ele entra em ereção total, ficando entumescido e rígido ("duro").

O pênis do cão possui 2 (duas) protuberâncias ("bolas"), uma de cada lado. Quando ele penetra na vagina da cadela, essas protuberâncias, ainda "moles", vão se ajustando e passam pelos ossos pélvicos. Quando, no entanto, já dentro da vagina da fêmea, o pênis entra em ereção total, elas aumentam de tamanho e se tornam duras. É por isso que o pênis não pode sair, ficando os animais presos um ao outro.

Somente depois que a ereção vai diminuindo e cessa, ficando o pênis e as "bolas" mais moles e menores é que o pênis pode sair, o que permite que o casal se separe, normalmente. Por esse motivo, quando o macho e a fêmea estiverem unidos ou "engatados" (na linguagem popular) devem ser deixados bem sossegados porque, se forem incomodados ou espantados podem se movimentar ou até correr, tentando inclusive se separar antes do tempo, o que provoca dores, sofrimentos, ferimentos graves e até fraturas, tanto nos machos que podem ter o osso peniano fraturado, quanto nas fêmeas, com ruptura da bacia.

Quando tomamos os cuidados necessários, o acasalamento se realiza normalmente, sem nenhum problema, pois é um ato natural na reprodução dos cães. Quando, no entanto, os cães são molestados, principalmente quando estão unidos, esse ato natural pode se transformar em um verdadeiro acidente na vida desses animais.

Outro cuidado importante é não deixar o macho e a fêmea juntos, por vários dias, mesmo com a cadela no cio, porque não é necessário para a fecundação ou a cadela "pegar cria" e só causará cansaço e esgotamento desnecessários à fêmea e principalmente, ao macho.

10.9. CUIDADOS APÓS O ACASALAMENTO

O primeiro e mais importante cuidado que o criador deve tomar, após o acasalamento da sua cadela, é evitar que outro macho dela se aproxime, pois ele pode acasalá-la, fecundando-a, também, (ver superfecundação), o que lhe causaria grandes prejuízos, principalmente no caso de uma cadela de elevado padrão zootécnico, que poderia ser enxertada até por cães "vira-latas" ou cães de rua.

Depois de terminado o acasalamento e de os animais serem separados, deve ser feita a sua higiene, sendo que a da fêmea deve ser somente externa.

Como, às vezes, a cobertura falha, podemos repeti-la 2 vezes, com intervalos de 1 dia entre elas.

10.10. ANTIPATIA SEXUAL

Como entre os seres humanos, também entre os cães pode haver uma antipatia sexual. Existem cadelas que não aceitam um determinado macho e que, no entanto, aceitam outros que lhes sejam "apresentados". O mesmo ocorre com alguns cães que se recusam a cobrir determinada cadela, mas que cobrem outras que sejam a ele reunidas. Por esse motivo, não devemos forçar demais os acasalamentos.

10.11. IMPOTÊNCIA SEXUAL E FATORES PSÍQUICOS

A fêmea em cio é juntada ao macho mas, às vezes, por mais que ela se esforce para ser acasalada, inclusive montando sobre o cão, este não lhe dá a mínima atenção, não sendo realizado o acasalamento.

Essa "indiferença" do macho pode não ser causada por qualquer doença orgânica, infecciosa ou parasitária, anomalias ou um desvio sexual orgânico. Pode tratar-se, porém, de um problema psíquico, bem mais comum do que possa parecer. Isso ocorre porque o animal foi desmamado muito cedo e criado na mamadeira, com todo o carinho, somente em contato com pessoas, em um apartamento, não havendo tido nenhum contato com outro animal da sua espécie. Por esse motivo, ele se integrou à espécie humana, considerando os homens como seus semelhantes, da sua espécie e por isso, havia perdido todo o interesse por outros cães que ele considerava de outra espécie, inclusive fêmeas.

A causa, portanto, do fracasso desse acasalamento, foi o fator psicológico, que provocou o comportamento anormal do cão.

Fatores físicos, no entanto, como doenças, má alimentação, etc., podem provocar no cão, uma impotência sexual que o impedirá de fazer coberturas, mesmo que a cadela esteja no cio.

10.12. GESTAÇÃO, GRAVIDEZ OU PRENHEZ

É o resultado da concepção da cadela, com a fecundação dos óvulos pelos espermatozóides, formando os ovos. A gestação começa, exatamente, no momento da **nidação**, ou seja, no instante em que os ovos se fixam no útero e termina com a expulsão dos fetos pelo organismo da cadela e o nascimento dos cãezinhos.

A gestação significa, portanto, que a cadela tem, em seu útero, ovos que se transformam em embriões e estes em fetos. Cada feto fica alojado em uma bolsa d'água independente.

10.13. PERÍODO DE GESTAÇÃO

O das cadelas *poodles* é, em média, de 63 dias, mas varia de 60 a 66 dias, principalmente de acordo com o tamanho da cadela e o número de fetos, sendo geralmente mais curto nas cadelas menores, miniaturas, toy e nas que têm muitos filhotes. Para a miniatura, a média é de 61,6, variando de 57 a 69; para a tipo médio, de 61,8 como média e variação de 54 a 68 e para a *poodle* gigante, a média é de 61,5 e a variação de 54 a 70 dias.

10.14. SINAIS DE FECUNDAÇÃO E DE GESTAÇÃO

Não existem sintomas que indiquem, nos primeiros dias após a cobertura, se a cadela enxertou. Geralmente são necessários de 30 a 35 dias para que as pessoas leigas, com pouca prática, possam confirmar se a cadela entrou ou não, em gestação.

Alguns sinais, no entanto, podem dar uma certa orientação e entre eles, temos os seguintes: - a cadela fica mais calma, começando a engordar e o seu andar vai se modificando; - a conformação do seu corpo vai se alterando, principalmente a sua barriga que vai se esticando e aumentando; - mais para o fim da gestação, no seu 2° mês, as tetas aumentam e quando espremidas, deixam sair um leite amarelo; - os movimentos dos fetos podem ser vistos externamente, principalmente na última semana de gestação e quando a cadela está deitada de lado; com um estetoscópio ou até com o ouvido, podem ser ouvidas as batidas dos corações dos fetos; - a palpação ventral, no entanto, é o método mais seguro para fazer o diagnóstico da gestação, na cadela, mas deve ser feita com todo o cuidado.

10.15. ULTRASSOM

A partir do 21º dia após o acasalamento, no entanto, já é possível saber, com certeza, se a cadela entrou em gestação, bastando adotar um moderno método de diagnóstico, a ultrassonografia que, naturalmente, exige uma aparelhagem especial.

10.16. GESTAÇÕES ANORMAIS NAS CADELAS

Temos, como exemplos, as seguintes: - gestações extra-uterinas, como as que ocorrem nas trompas, de grande risco para a vida da cadela; - os abortos, ou seja, a expulsão dos fetos antes de estarem em condições de sobreviverem; e - formação de monstruosidades, isto é, de fetos completamente anormais.

10.17. EXERCÍCIOS

Por estar grávida e principalmente por isso, a cadela deve fazer exercícios diários, pois eles estimulam sua circulação sangüínea, a sua respiração, o funcionamento dos seus intestinos, evitando a "prisão de ventre" e exercitam os seus músculos de todo o corpo, mantendo-os "em forma", o que vai ajudar e muito, nos trabalhos de parto.

Além disso, os exercícios, aliados a uma alimentação controlada e não excessiva, fazem com que a cadela não engorde muito, o que também a auxiliará bastante, no parto, pois gordura excessiva dificulta muito, o nascimento dos filhotes e causa maiores sofrimentos à parturiente e aos próprios filhotes, durante o nascimento.

Naturalmente, os exercícios não devem ser excessivos e a cadela gestante não deve se cansar muito, principalmente nas últimas semanas antes da data prevista para o parto, para que ela passe por ele, descansada e relaxada, psicologicamente.

10.18. ALIMENTAÇÃO E GESTAÇÃO

No primeiro mês da gestação, a cadela pode continuar a receber a mesma alimentação que recebia antes do acasalamento. Como, no entanto, durante a gestação, a cadela tem que arcar com o ônus da formação dos fetos e depois que os filhotes nascerem, tem que alimentá-los com o seu próprio leite, é muito importante que ela receba uma alimentação limpa; sadia; fresca; abundante mas não em excesso, para que não engorde muito; bem equilibrada e composta de proteínas, carboidratos, sais minerais e vitaminas.

Entre os alimentos indicados, temos as rações balanceadas, farinhas, cereais, verduras, carnes, peixes, ovos, etc.

No segundo mês de gestação, a cadela deve receber maior quantidade de alimentos do que normalmente. Esse aumento pode ser de 20 a 30%, porque o desenvolvimento dos fetos é muito grande, nesse período, mas deve ser controlado, para evitar o excesso de alimentos, para que a cadela não engorde muito, o que dificultaria o parto. É aconselhável, também, que ela receba, diariamente, um complexo de vitaminas e sais minerais e que disponha de água fresca, limpa e à vontade, principalmente nos seus períodos de gestação e de lactação. Uma alimentação defeituosa e deficiente ou a falta de água podem causar uma série de problemas para a cadela gestante.

Caso seja observado algum distúrbio durante a gestação da cadela como, por exemplo, perda de apetite; tristeza; abatimento; excitação; febre ou corrimento vaginal com ou sem sangue, ela deve ser levada, imediatamente, ao médico veterinário, para que o problema possa ser diagnosticado com segurança e controlado o mais rapidamente possível, pois disso pode depender o sucesso da gestação ou a ocorrência de um aborto.

10.19. FALSA GESTAÇÃO

Pode acontecer que uma cadela no cio seja colocada com um macho e que seja coberta por ele, normalmente.

A cadela começa, logo depois, a apresentar sintomas de gestação: fica mais calma, começa a engordar, o seu ventre vai aumentando de volume, suas mamas aumentam e quando as tetas são espremidas, sai delas um leite.

Passam-se mais de 60 dias e a cadela não entra em trabalhos de parto, não tendo os tão esperados filhotes. Começa, então, a emagrecer e volta a seu estado normal.

O que ocorreu, realmente, foi uma falsa gestação ou pseudo-gestação, também chamada gestação psíquica, porque a cadela, havendo sido acasalada por um macho estéril ou até por montar sobre o macho ou mesmo sobre uma outra cadela ou ser por ela montada, entrou em orgasmo, o que desencadeou o seu mecanismo da reprodução, fazendo com que ela "pensasse" que estava grávida e por isso, apresentasse todos os sintomas de uma gestação verdadeira. Quando isso ocorre, a única providência a ser tomada é esperar um novo cio, para que a cadela seja acasalada novamente.

Pode ocorrer, também, que uma cadela seja acasalada pelo macho e entre em gestação, normalmente, mas que os embriões morram, interrompendo essa gestação. Por esse motivo e apesar de a cadela não mais estar em gestação, sua mente ainda está condicionada a este estado e por isso, ela continua apresentando todos os seus sintomas externos: trata-se, portanto, de uma falsa ou pseudo-gestação, como as mencionadas anteriormente, mas por outras causas. Seus sintomas persistem até à época do parto, que não acontece e desaparecem logo, voltando a cadela ao seu estado normal.

Várias podem ser as causas da morte dos embriões como, por exemplo, os fatores letais hereditários, que podem aparecer devido à consangüinidade, principalmente estreita, entre parentes próximos; intoxicações; determinadas doenças, etc.

10.20. O LEITE E A FALSA GESTAÇÃO

A cadela que está em falsa gestação, quando chega a época do parto, começa a ficar com as mamas e as tetas maiores, túrgidas e a produzir leite em maior ou menor quantidade. Compressas de panos quentes e massagens podem diminuir as dores que a cadela sente quando fica com as mamas muito cheias. Nesses casos, é melhor tirar um pouco de leite para aliviar a tensão nas mamas e o sofrimento da cadela, embora essas "tiradas" possam aumentar a sua produção leiteira. A cadela em falsa gestação pode, até, ser aproveitada como ama-de-leite para filhotes excedentes de outra cadela ou órfãos.

10.21. VENTRE SUJO OU CADELA ESTRAGADA (TELEGONIA)

Algumas pessoas acreditam que, quando uma cadela pura, de uma raça, é coberta por um macho de outra raça ou um "vira-lata", fica "estragada" ou com o "ventre sujo" e que, mesmo que no cio seguinte seja acasalada com um ótimo cão da sua raça, não dará bons filhotes. Isso está totalmente errado, pois uma gestação, sob o aspecto do fator hereditário ou genético, nada tem a ver com as gestações anteriores ou nada terá com as gestações seguintes e vamos explicar porque.

Quando uma cadela entra em cio, entra em ovulação, isto é, produz um certo número de óvulos maduros, que são lançados dos ovários para as trompas, onde são fecundados pelos espermatozóides ejaculados pelo macho, na vagina da cadela, durante a cobertura.

Um certo número de óvulos é fecundado, transformando-se em ovos férteis que, das trompas vão para o útero, no qual se fixam, iniciando-se a gestação.

Os óvulos que não foram fecundados e os espermatozóides que "sobraram", morrem dentro de algumas horas.

Assim sendo, a cadela fica livre de todo e qualquer elemento masculino ou feminino, ou seja, os espermatozóides e os óvulos, que poderiam interferir em uma nova gestação. A cadela fica, portanto, totalmente "limpa", sem possibilidade alguma, desse macho que a acasalou, influir em uma segunda gestação, pois não há condições de seus espermatozóides sobreviverem no interior da cadela, por vários meses ou de os óvulos por eles fecundados se conservarem, também, até uma nova gestação.

Como é através dos espermatozóides, pelos cromossomas que eles possuem, que o macho transmite suas características a seus descendentes (filhos), se na gestação seguinte não mais existem espermatozóides do macho que fez a cobertura anterior, é impossível que ele influa em uma nova gestação que a cadela teria, no mínimo, 6 meses depois.

10.22. ABORTO

É a expulsão dos fetos antes de eles completarem o seu desenvolvimento no útero da cadela. Embora não seja muito comum, as cadelas podem abortar: é o **aborto natural**.

Várias, no entanto, são as causas que podem provocar o aborto nas cadelas, destacando-se, entre elas: quedas; pancadas; diversas doenças; calor excessivo; fêmeas acasaladas com machos com blenorragia; sustos provocados por barulhos súbitos como tiros, gritos, explosões, etc.; presença de animais estranhos; cadelas muito novas; acasalamentos com machos muito novos; intoxicações alimentares ou medicamentosas; envenenamentos; constipação (prisão de ventre) por defeitos de alimentação, como o abuso de grãos e farelos; alimentação defeituosa ou má qualidade dos alimentos e gordura excessiva.

Quando uma cadela aborta, deve ser isolada dos outros cães e levada, o mais rapidamente possível, a um médico veterinário, para exame e diagnóstico da causa do aborto.

Temos, também, o **aborto provocado,** quando o proprietário da cadela não quer que ela tenha a ninhada, geralmente, porque ela foi coberta contra a sua vontade, por um cão defeituoso, de outra raça ou por um animal mestiço.

Quando isso ocorrer, a cadela deve ser levada logo ao médico veterinário pois, quanto mais cedo for provocado o aborto, menos sofrimento e danos causará à cadela. O ideal é provocá-lo até 2 dias após a cobertura, pois ainda será possível impedir a nidação, isto é, que o óvulo já fecundado, ou seja, o ovo, se fixe no útero. Dessa maneira, nem se inicia a gestação.

Mesmo depois desse prazo, é possível interromper uma gestação mas, o melhor, para a saúde da cadela, é deixar que ela tenha, normalmente, os seus filhotes.

Filhotes *Poodles* Toy, Pretos - 30 dias de idade Canil Cane de Treviso Propriedade de Fernanda Reis - São Caetano do Sul - São Paulo.

Poodle adulto cinza
Shining Star Kennel
Propriedade de
Eduarda Coutinho
São Paulo

Capítulo 11

O Parto

11.1. CUIDADOS

Por mais mansa, dócil e meiga que seja uma cadela, quando entra em gestação, pode mudar o seu comportamento afetivo, até mesmo com as pessoas "da sua casa", com as pessoas mais chegadas a ela. Esse novo comportamento pode ir desde um simples afastamento ou diminuição em sua intensidade, até mesmo a uma agressividade mais ou menos intensa, embora ela não seja dirigida a todas as pessoas que dela se acercam.

Quando, porém, a cadela tem os seus filhotes, ela pode se tornar, não só agressiva, mas até feroz, só não atacando, normalmente, as pessoas que com ela lidam diariamente como, por exemplo, os seus donos e a sua família.

11.2. COMO PREPARAR A CADELA PARA O PARTO

Durante o primeiro mês de gestação, não é necessário, praticamente, alterar o regime alimentar da cadela ou o seu manejo.

Quando, no entanto, ela entra no seu segundo mês de gestação, é necessário tomar algumas providências, entre as quais: - aumentar a quantidade de alimentos dados à cadela e administrar-lhe um complexo de vitaminas e de sais minerais: - fazer a "toalete" da cadela ou "prepará-la", cortando ou raspando os pêlos das suas regiões mamária e genital, principalmente quando ela é de raça de pêlos longos, com a *poodle*, o que facilitará a higiene pré-natal, o próprio parto e a primeira mamada dos filhotes; - fornecer-lhe instalações cômodas, limpas, higiênicas e adequadas, ou seja, um ninho, para que ela possa ter, sossegada, os seus filhotes e ainda os manter aí até à desmama; - dar toda a assistência física e psíquica, à cadela, e até intervir, para ajudá-la, se necessário, mas somente em último caso; - providenciar para que haja, sempre, um mínimo de calor (23ºC) ou aquecimento no ambiente em que se encontra a cadela, porque uma das causas mais comuns de mortalidade entre os cachorrinhos, principalmente recém-nascidos, é o frio.

Manter a cadela e a sua ninhada, dentro de casa ou de um abrigo fechado é importante, na falta de instalações especiais para elas, porque a temperatura não deve ser inferior a 23°C durante o parto e por mais uns dias depois dele, para o conforto e o desenvolvimento dos filhotes nas suas primeiras semanas de vida. Quando necessário, podem ser empregados aquecedores especiais ou lâmpadas para esquentar o ambiente.

No caso de a cadela viver fora da casa do dono, o parto pode se realizar dentro da sua casinha, desde que ela preencha as condições necessárias de tamanho, conforto, higiene e temperatura e que nela seja "arrumado" um ninho, como já o mencionamos.

Quando, no entanto, a cadela gestante pertencer a um canil, não há problemas, porque nele existe, sempre, a "maternidade" já equipada para que a cadela tenha toda a assistência necessária.

O ninho, no entanto, é indispensável em qualquer dos casos ou locais e o melhor é que a cadela comece a dormir nele, alguns dias antes do parto, para que com ele se acostume.

11.3. O NINHO

É um local indispensável para que a cadela tenha nele os seus filhotes, os abrigue e os alimente até que sejam desmamados.

Quando a cadela vai ter os filhotes dentro do apartamento ou da casa do seu dono, basta um cesto ou um caixote (melhor) forrados com panos, com um cobertor ou até com jornais, de acordo com a temperatura ambiente. Existe um ninho ou cama especial, de espuma de náilon forrada com um tecido de pano natural, que pode ser comprado em casas especializadas.

O ninho deve ter um tamanho suficiente para permitir que a cadela deite nele, completamente esticada, para que possa, não só descansar confortavelmente, mas também para se acomodar bem, para amamentar os seus filhotes, dispondo de espaço suficiente para ela e os cãezinhos ficarem à vontade e ainda poderem circular com facilidade.

A caixa ou ninho, para a cadela *poodle*, pode ter 70cm e seu fundo não deve ser escorregadio, para evitar acidentes com os filhotes, que podem sofrer luxações e até abertura das patas. Para evitar que isso aconteça, ele deve ser forrado com sacos ou panos grossos e ásperos, para os filhotes não escorregarem, principalmente na hora das mamadas e para que a cadela os morda, durante o parto.

A maior preocupação do dono da cadela quando está preparando o ninho para ela, deve ser com a temperatura, pois os filhotes recém-nascidos e nos seus primeiros dias de vida são muito sensíveis ao frio, sofrendo muito com ele e até morrendo, por sua causa, principalmente no inverno.

11.4. TIPOS DE NINHOS

Os ninhos variam de tamanho, de acordo com o porte da cadela que vai abrigar junto com os seus filhotes, desde o nascimento até à desmama. Eles podem ser:

- **abertos**: sem tampa e com a parte da frente mais baixa para facilitar a entrada e a saída dos filhotes. Esses ninhos só devem ser usados em ambientes fechados e em climas quentes. Nos dias frios, é aconselhável algum tipo de aquecimento para o ambiente, pois a temperatura não deve ser inferior a 23°C, durante o parto e por mais alguns dias. Quando necessário, podemos utilizar aquecedores ou lâmpadas para aquecer o ambiente ou,

- **fechados** ou **com tampa**: que devem ter uma altura suficiente para a cadela neles entrar em pé e poder se movimentar com facilidade. A parte da frente do ninho deve ter uma entrada. A tampa não deve ser solta, porque a cadela ou uma pessoa podem derrubá-la sobre os filhotes, ferindo ou até matando algum deles. Para evitar que isso aconteça, basta prender a tampa com dobradiças, para que ela possa ser aberta, sem nenhum perigo. Esses ninhos podem ter, também, aquecimento por lâmpadas ou resistências elétricas. Alguns ninhos são cobertos somente pela metade.

11.5. PROTEÇÃO CONTRA ACIDENTES E ESMAGAMENTOS

Uma das principais causas da mortalidade entre os filhotes, é o seu esmagamento ou asfixia causados, involuntariamente, pela própria cadela que, sem o perceber e apesar de todo o cuidado que ela tem com a ninhada pode, ao se deitar e com o seu próprio corpo, imprensar algum deles, de encontro a uma das paredes do ninho ou maternidade.

Para impedir esses acidentes, basta que seja colocado preso, por meio de suportes e ao longo das paredes internas do ninho, delas se distanciado uns 15 a 20cm e a uma altura, também, de uns 15 a 20cm do piso, um cano de 1/2 ou 3/4 de polegada de diâmetro, de ferro galvanizado, PVC (plástico), uma barra roliça de madeira (como um cabo de vassoura, por exemplo) ou até mesmo uma prateleira estreita, de madeira.

Dessa maneira, os cãezinhos ficam protegidos, porque a cadela não pode deitar ficando encostada na parede e mesmo que o faça, de encontro ao cano, ainda ficará uma faixa livre entre o seu corpo e a parede, no qual os filhotes têm espaço suficiente para ficar, sem o perigo de serem imprensados.

11.6. HIGIENE NO NINHO

O ninho deve estar sempre limpo e seco, para evitar que nele proliferem bactérias, fungos, vermes, etc., que podem atacar os filhotes e a cadela.

Enquanto a cadela usa o ninho, nele permanecendo com a sua ninhada, ela mesma o mantém bastante limpo. É preciso, no entanto, que o criador controle, rigorosamente, o estado do ninho, para tomar as medidas higiênicas indicadas, quando isso for necessário.

11.7. UM ACOMPANHANTE DURANTE O PARTO

Um acompanhante para a cadela é muito importante, principalmente quando é o seu primeiro parto, porque a sua presença fará com que ela se sinta mais calma e mais protegida. Por esse motivo, essa pessoa deve ser bastante calma e não afobada ou nervosa, pois transmitiria, à cadela, esse seu nervosismo o que, certamente, prejudicaria o seu comportamento durante o parto, no tratamento de seus filhotes e poderia, até, provocar uma queda na sua produção de leite, afetando a amamentação dos filhotes desde a sua primeira mamada.

A pessoa deve se limitar a ser apenas uma acompanhante, a fazer companhia à cadela, para que esta não se sinta solitária e desprotegida e só deve intervir para auxiliar a cadela ou seus filhotes, em caso de necessidade ou emergência, como verificaremos.

11.8. MATERIAL NECESSÁRIO

Desde que uma cadela entra em gestação, seu dono já deve providenciar alguns materiais e utensílios necessários para atendê-la antes do parto, durante o seu desenvolvimento e depois que ele terminar. Entre eles, podemos destacar: - tesoura, bisturi ou mesmo um canivete bem afiado e uma pinça hemostática; - fios de sutura para "amarrar" o cordão umbilical dos filhotes, logo que nascem, se a cadela não o cortar; - toalhas, de preferência mornas, para enxugar os filhotes e limpar a cadela; algodão hidrófilo; - desinfetantes como iodo, mercúrio cromo, mertiolate, etc., e - violeta genciana para marcar os filhotes, logo que nascem, para identificá-los quando não for empregado outro método mais sofisticado.

11.9. O PARTO

É a expulsão normal dos fetos, do organismo da cadela, após completarem seu desenvolvimento na vida intra-uterina. Ele se realiza devido às contrações abdominais e uterinas, sendo que estas últimas são regidas por determinados hormônios e movimentos reflexos dos fetos e são elas que provocam as "dores" do parto.

Quando vai se aproximando o dia do parto, que ocorre normalmente, 63 dias após o acasalamento, mas que pode se realizar alguns dias antes ou depois desse prazo (60 a 66 dias), as mamas vão aumentando de tamanho, ficando túrgidas, "inchadas" e quando espremidas, sai delas um leite amarelado.

O parto, em geral, se realiza à noite, mas pode ocorrer a qualquer hora do dia.

11.10. SINAIS DE PARTO PRÓXIMO

Uns l0 dias antes da data prevista para o parto, a cadela *poodle* deve ficar sob constante observação, principalmente quando se tratar de uma Toy (anã) ou de uma "miniatura", porque o seu parto pode ser antecipado.

Quando houver suspeita de um parto prematuro, deve ser medida a temperatura da cadela: se estiver abaixo da normal que é de 38,5°C há, realmente, o perigo de que ele possa ocorrer.

Dois ou três dias antes do parto, o ventre da cadela "baixa" e as pessoas dizem que "a barriga desceu". Quando a cadela começa a arranhar e a "cavar" a cama, isso significa que o parto deve começar, no máximo, dentro de 24 horas.

No dia do parto, a cadela não come, vai ficando cada vez mais inquieta, angustiada, anda de um lado para outro sem parar e depois, entra e sai do seu ninho, quando já está pronto ou procura lugares calmos, escuros, silenciosos (o que é muito importante para ela) e quentes, pois a temperatura mínima deve ser de 23°C. É melhor colocar uma cortina na entrada do ninho, para escurecer o seu interior e evitar que correntes de ar frio nele penetrem.

A cadela chega a fazer um ninho com papéis ou com panos. Quando está solta, pode até cavar um buraco no terreno, para fazer um ninho, como o faziam os cães selvagens, seus antepassados.

As secreções vaginais ou "descarga" da cadela vão aumentando, "lubrificando" as paredes da sua vagina, para facilitar a saída dos filhotes. Sua vulva engrossa, ficando mais inchada e ao mesmo tempo, mais elástica e apresentando contrações.

O colo do útero tem um tampão mucoso que se solta para aumentar a lubrificação da vagina, para que os fetos saiam com maior facilidade. É durante esse período ou fase, que o colo do útero vai se dilatando, para aumentar a passagem para os fetos seguirem para a vagina, da qual eles são expelidos para o exterior, através da vulva, transformando-se em filhotes recém-nascidos.

11.11. OS TRABALHOS DE PARTO

Na fase do parto, propriamente, começam as contrações uterinas e abdominais leves, facilmente notadas, seguidas de períodos de repouso ou de relaxamento, iniciando-se, assim, os trabalhos de parto.

À medida em que o tempo vai passando, as contrações vão ficando mais fortes e menos espaçadas, pois elas se destinam a expulsar os fetos do ventre da cadela, que fica olhando muito, para trás, para a sua cauda e a lambe, nervosa.

Durante as "dores" ou contrações, a cadela geme, se contorce e às vezes deita-se de lado. Normalmente, na hora das contrações, a cadela também "faz força", para ajudar a saída dos filhotes. Quando ela não o fizer, a pessoa que a está acompanhando deve estimulá-la a fazê-lo, para que o parto se processe mais rapidamente, poupando sofrimentos para ela. Além disso, quando o parto é muito demorado, a cadela pode se cansar demais, até à exaustão, o que poderá criar problemas, sendo necessária uma intervenção cirúrgica. O primeiro parto, em geral, é mais demorado.

O primeiro sinal de que um filhote começou a nascer, é o aparecimento de manchas verdes no fundo do ninho. A primeira coisa que aparece, na vulva, é a bolsa d'água, cheia do líquido amiótico e dentro da qual se encontra um feto.

O feto, normalmente, sai com apresentação cefálica, ou seja, sai primeiro a sua cabeça, depois as patas dianteiras, os ombros, o resto do corpo e por último, as pernas traseiras. Bastante comum, também, é a apresentação posterior (de nádegas ou de cauda) e o parto, geralmente, é normal. Podem ocorrer, também, algumas apresentações anormais do feto, o que toma o parto difícil ou até impossível, sendo necessária uma intervenção cirúrgica.

Quando for possível segurar a cabeça ou as patas de um filhote que está nascendo, podemos puxá-lo durante a contração, ajudando assim, a cadela a expelí-lo e o filhote a nascer mais depressa.

A bolsa d'água arrebenta e o primeiro cãozinho pode nascer, normalmente, dentro de poucos minutos ou em 1 ou 2 horas depois de iniciados os trabalhos de parto. Os intervalos entre os nascimentos dos filhotes são de 20 minutos a 1 hora, embora isso possa variar.

Terminado o parto, deve ser verificado se não ficou algum filhote na barriga da cadela, o que é feito por palpação ventral.

ATENÇÃO!

Depois de iniciados os trabalhos de parto, ou seja, as contrações, se o primeiro filhote não nascer, no máximo, dentro de 3 a 4 horas, algo de anormal está ocorrendo.

Nesse caso, deve ser consultado imediatamente, um médico veterinário, para que tome as providências necessárias, que podem ser uma indução do parto, cujo sucesso pode ser obtido, às vezes, até 12 horas após o início das "dores" ou contrações; intervenção obstétrica para a retirada dos filhotes ou uma operação cesariana, praticamente sem nenhum risco de vida para a cadela e os filhotes e com a sua recuperação bastante rápida.

11.12. PROBLEMAS NO PARTO

Podem ocorrer problemas anormais durante o parto, embora em cadelas, eles sejam relativamente raros. Quando, por exemplo, nas horas das contrações uterinas, a cadela não "ajuda" a expulsão do feto, "fazendo força", devemos incitá-la a contrair a barriga.

Se a cadela ficar "mole", sonolenta ou cansada, por um parto demorado ou difícil, devemos reanimá-la ou dar-lhe café com açúcar ou um estimulante. Os fetos, normalmente, saem com apresentação cefálica, ou seja, de cabeça ou com apresentação posterior, isto é, de nádegas ou de cauda.

No nascimento dos filhotes, no entanto, podem surgir complicações causadas pela sua apresentação em uma posição defeituosa como, por exemplo, a apresentação de um só membro (primeiro uma só perna) ou quando a cadela tem a bacia muito estreita, principalmente nas raças de cães de cabeça grande como o buldogue.

Quando parecer que a cadela está sofrendo muito; que os intervalos entre os nascimento dos filhotes estão muito longos; que os filhotes estão nascendo com muita dificuldade; que o número de filhotes nascidos é muito pequeno em relação ao tamanho da "barriga" da cadela; que há muito tempo não nasce nenhum filhote e que a cadela ainda não expeliu a placenta ou resumindo, quando o parto for muito difícil, sendo mesmo, anormal, o melhor é chamar, logo, um médico veterinário.

Ele, naturalmente, intervirá de acordo com as necessidades como por exemplo, induzindo o parto com a **aplicação de ocitocina** (hormônio); uma **operação cesariana,** com a extração dos fetos; **embriotomia,** que é o sacrifício e posterior retirada dos fetos; a **histerectomia,** que é a retirada total do útero, sendo os filhotes salvos, se a intervenção for realizada ainda a tempo de encontrá-los com vida.

Em outros casos, há necessidade de uma intervenção rápida, como no caso de hipertrofia fetal (fetos muito grandes); nos casos teratológicos (monstruosidades como fetos bicéfalos, isto é, com 2 cabeças); excesso de fetos (mais de 10), etc.

Normalmente, 15 minutos depois de terminado o parto, as contrações recomeçam, para a expulsão da placenta maternal. Quando isso não ocorrer, devem ser tomadas providências imediatas para a sua extração.

Quando a cadela estiver com febre, após o parto, normalmente isso é um sintoma de infecção, provavelmente por retenção de placenta ou outros resíduos do parto.

11.13. ALGUNS CUIDADOS DA CADELA

Logo que cada filhote acaba de nascer, a cadela, imediatamente e com os dentes, corta o cordão umbilical que a ligava ao seu feto, através da placenta, livra o cãozinho recém-nascido da bolsa que o envolvia e o lambe vigorosamente, não só para limpá-lo e secá-lo, mas também para ativar a sua respiração e a sua circulação sangüínea.

Terminada a "limpeza", a cadela, com o focinho e com todo o carinho, puxa o filhotinho para perto das suas mamas, para que ele possa pegar uma teta e mamar com mais facilidade.

A cadela passa, então, a comer a placenta e todas as matérias fetais e não deve ser impedida de o fazer, pois isso é um hábito natural e até mesmo uma necessidade, pois sendo ricas em proteínas, sais minerais e vitaminas, só lhes faz bem à saúde, melhorando a sua alimentação. Além disso, essas matérias fetais possuem anticorpos específicos contra certas doenças, protegendo os filhotes dessas enfermidades.

É importante saber que algumas cadelas, principalmente de primeiro parto, demoram, às vezes, para abrir as bolsas que recobrem os filhotes, quando eles nascem e nem cortam o seu cordão umbilical. Quando isso acontecer, a pessoa que estiver assistindo a cadela, deve fazê-lo, cortando o cordão umbilical do recém-nascido, a uns 3 a 4cm de distância do seu umbigo e, no caso de a cadela não retirá-lo da bolsa d'água, o seu dono deve fazê-lo, imediatamente. Deve, depois, segurar o filhote de cabeça para baixo e dar-lhe a famosa "palmadinha", para ele começar a respirar, como é feito com as criancinhas. Assim que ele respirar normalmente, basta limpá-lo bem e enxugá-lo com um pano seco e colocá-lo para mamar.

11.14. COMO CORTAR O CORDÃO UMBILICAL DOS CÃEZINHOS

O cordão umbilical tem, como função, transportar o sangue, através da artéria, da cadela para o feto, para supri-lo do oxigênio necessário à sua vida e também, para fornecer-lhe todos os alimentos necessários para a sua formação e o seu desenvolvimento. Além disso, traz o sangue de volta, do feto para a cadela. Ele fica ligado, de um lado, na placenta da cadela e do outro, no umbigo do feto. Logo que o filhote nasce, o cordão umbilical perde sua função, pois o cãozinho passa a respirar o ar, diretamente da atmosfera e a se alimentar, sugando o leite nas tetas da cadela.

Esse cordão liga a cadela aos recém-nascidos e deve ser cortado logo que os filhotes nascem, para que eles passem a viver independentes.

Para isso, devemos proceder da seguinte maneira:

1º) desinfetar, antes e depois da operação, toda a região do umbigo do recém-nascido e o seu cordão umbilical;

2º) espremer, com os dedos, o cordão umbilical no sentido da cadela para o filhote, para que o sangue, nele existente, passe para o filhote;

3º) amarrar o cordão umbilical, com uma linha esterilizada;

4º) cortá-lo com uma tesoura ou bisturi, a uns 3 a 4cm de distância do umbigo;

5º) desinfetar o local e o umbigo com iodo, mertiolate ou outro desinfetante;

6º) deixar o cordão e a placenta, no ninho, para que a cadela os coma.

11.15. COMO ABRIR A BOLSA D'ÁGUA

Logo que os filhotes nascem, a cadela, com os dentes, arrebenta as bolsas d'água, dentro de cada uma das quais se encontra um feto, para que eles comecem a respirar logo após o nascimento.

Quando, no entanto, a cadela não o fizer, a pessoa que a está assistindo, deve fazê-lo, imediatamente, da seguinte maneira: *1)* com os dedos, abrir a bolsa na região do focinho ou da boca do filhote, para que ele comece a respirar o ar atmosférico; *2)* retirar o filhote, completamente, para fora da bolsa; *3)* deixar a bolsa, no ninho, para que a cadela a coma.

11.16. PRIMEIROS CUIDADOS APÓS O PARTO

Logo que a pessoa que o está assistindo, julgar que o parto terminou e que já nasceu o último filhote, os primeiros cuidados a serem tomados são, entre outros: - verificar se a cadela cortou os cordões umbilicais de todos os filhotes e se, também, os livrou da bolsa, para evitar que eles possam ficar asfixiados, bem como se os lambeu para limpá-los e ativar a sua respiração e a sua circulação sangüínea, só interferindo, se for necessário, para corrigir alguma falha; - verificar se a cadela está passando bem; - examinar a cadela para confirmar ou não, se ela tem leite e se suas mamas e tetas são normais e estão em bom estado, sem machucados ou ferimentos, para evitar que a cadela, por sentir dores mais ou menos fortes, dificulte ou impeça, mesmo, os filhotes de mamarem, o que traria sérios problemas, principalmente porque o primeiro leite da cadela contém o colostro, muito importante na alimentação dos filhotes, como alimento e por conter anticorpos que os protegem de várias doenças; - tirar a cadela, do ninho e levá-la para fora, por alguns minutos, para que ela "descanse" e faça "as necessidades"; - quando necessário, lavar a cadela com água morna e sabão, para limpá-la, principalmente do sangue e depois enxugá-la bem com uma toalha; - aproveitar a saída da fêmea e fazer uma boa limpeza no ninho, substituindo toda a sua forração, quando necessário; - levar a fêmea de volta ao ninho e deixá-la descansar, com seus filhotes, só a incomodando, se for preciso, pois ela tem que amamentá-los, para o que necessita estar bem calma e despreocupada com movimentos próximos a seu ninho e conferir o número dos filhotes nascidos e dos deixados com a cadela, para evitar uma ninhada grande demais.

11.17. PERÍODO PÓS-PARTO

Depois do parto, logo que começa a comer, a cadela deve ser bem alimentada, recebendo uma alimentação fresca, sadia, bem equilibrada e rica, principalmente em proteínas, recebendo para isso, rações balanceadas, carne, peixe, ovos, leite, queijo e outros alimentos ricos nesses elementos nutritivos, além de sais minerais, vitaminas, etc.

Nesses primeiros dias, a cadela não quer deixar os filhotes sozinhos, no ninho, nem mesmo para fazer as suas necessidades ou "ir ao banheiro", tal é o apego que tem aos seus filhos. Muitas vezes, é até necessário prendê-la pela coleira, puxando-a para fora do ninho e a levando para um lugar em que ela possa urinar e evacuar.

Basta, depois, soltá-la e ela vai ligeiro e diretamente de volta a seu ninho, preocupada com os filhotes que ficaram sozinhos.

Também nesses primeiros dias após o parto, é normal que as fezes da cadela fiquem escuras, avermelhadas ou até mesmo apresentem sangue, pois isso é conseqüência de ela haver ingerido a placenta e todas as matérias fetais resultantes do parto.

11.18. ECLÂMPSIA

Um problema grave, que pode aparecer nas cadelas em gestação, em trabalhos de parto ou no período pós-parto, é a eclâmpsia. Seus sintomas são grande excitação, cansaço e febre. É mais comum, principalmente em cadelas nervosas, de raças pequenas.

Como se trata de um distúrbio grave e que pode causar a morte da cadela, ela deve ser atendida, o mais rapidamente possível, por um médico veterinário.

Capítulo 12

Os Filhotes: Primeiros Cuidados

12.1. ALGUMAS PROVIDÊNCIAS

Terminado o parto, devem ser tomadas algumas medidas para que os seus resultados sejam os melhores, sendo evitados alguns problemas.

Destacamos, entre elas: examinar os filhotes, um por um, para verificar o seu estado e se são normais e perfeitos, devendo ser descartados os doentes, fracos, raquíticos e defeituosos como, por exemplo, os que apresentarem a fenda palatina; contar quantos filhotes nasceram, para controle e para verificar se todos eles, depois da seleção, podem ficar com a cadela; verificar os sexos dos filhotes; quando o seu número é muito grande, os excedentes podem ser passados para uma cadela-ama, alimentados artificialmente ou até mesmo descartados para não prejudicar toda a ninhada, o que dependerá da produção leiteira da cadela ou das possibilidades de dar uma alimentação artificial, suplementar (mamadeira) a todos os filhotes.

Os filhotes nascem com pêlos, de olhos fechados, surdos e sem dentes. Durante a primeira semana, a cadela tem todo o cuidado com eles, lambendo-os e os puxando para junto do seu corpo para aquecê-los e para que eles possam mamar com mais facilidade.

Quando estão com 3 dias de idade, devem ter a cauda cortada.

Com mais ou menos 10 a 12 dias de idade, os filhotes começam a abrir os olhos e com 12 a 15 dias, já estão com eles abertos e já enxergam normalmente. Além disso, ocorre, também, a sua maturação motora e sensorial, eles já ficam de pé, andam e acompanham a sua mãe por onde ela vai. Os filhotes nascem surdos, mas possuem ótimo tato, principalmente para procurar as tetas da cadela, para mamar.

12.2. NÚMERO DE FILHOTES POR PARTO

O número de filhotes por parto depende mais da fêmea do que do macho, porque é do número de óvulos produzidos e maduros, nos ovários; do número de óvulos fecundados e do número de óvulos fecundados que não completam o seu desenvolvimento, que depende o número de filhotes.

Portanto, embora um só cão possa lançar na cadela, em um só acasalamento, 600.000 espermatozóides ou mais, é dela que depende o número de filhotes que possam nascer. Naturalmente, outros fatores podem influir sobre o número de filhotes como, por exemplo, número de ovos fertilizados; número de ovos que não conseguem se fixar no útero (nidação), para o início da gestação; número de ovos que "morrem" após a nidação; número de embriões mortos; número de fetos que não se desenvolvem e número de fetos que morrem no útero, mesmo depois de viáveis (possibilidade de sobreviverem). Para aumentar a fecundação e, em conseqüência, a profilicidade das cadelas, ou seja, o número de filhotes por parto, existem produtos especiais que, além de provocarem uma ovulação maior, com maior número de óvulos, possibilitam também, a maturação de um maior número deles.

Outro processo para aumentar o número de filhotes nascidos é controlar o momento da cobertura, procurando realizá-la no período mais favorável da ovulação e repetir o acasalamento 2 ou 3 vezes, nesse período, para possibilitar a fecundação de maior número de óvulos, pois eles não se desprendem dos ovários, todos ao mesmo tempo.

O número de filhotes de uma cadela, em um só parto, pode variar muito, sendo, em geral, de 4 a 6, de 8 ou até mais, em casos excepcionais, dependendo do tamanho, da raça e, principalmente, de fatores individuais da própria fêmea. Nos *poodles*, as médias de filhotes por parto, são de 4,8 para o *poodle* anão, 4,3 para o miniatura e de 6,4 para o *poodle* médio.

12.3. O SEXO DOS FILHOTES

É importante o criador saber o sexo dos filhotes recém-nascidos, para que possa programar o destino das ninhadas, inclusive para verificar se poderá atender os pedidos para vender os cãezinhos.

A identificação dos sexos, nos filhotes, mesmo recém-nascidos, é muito fácil e o melhor para isso, é o criador pedir a uma pessoa com prática, para ensinar-lhe como fazê-lo, embora isso, em geral, seja dispensável.

Basta a pessoa pegar o filhote de barriga para cima e verificará que a **fêmea** tem, em baixo da cauda, um orifício que é o ânus e logo mais abaixo, uma fenda, que é a vulva, em geral um pouco saliente, devido aos lábios vulvares e que o macho possui um "cordão" ligeiramente saliente vindo de trás, da barriga e que termina mais saliente e com um orifício redondo, por onde o pênis passa para o exterior.

Ao examinar um filhote, é necessário verificar se ele não possui uma hérnia umbilical, relativamente comum em cães recém-nascidos.

12.4. SELEÇÃO DOS FILHOTES RECÉM-NASCIDOS

O ideal seria que toda a ninhada fosse grande, perfeita e que todos os cãezinhos fossem normais e dentro dos padrões desejados, inclusive, da sua raça, não só por questões econômicas mas e principalmente, por razões sentimentais, pois os cães, na maioria das vezes, são animais de estimação e os donos de cadelas, principalmente, sonham em "ser vovós" de lindos e sadios "netinhos"...

Infelizmente, no entanto, isso nem sempre acontece, porque algum filhote pode morrer logo depois do parto ou pode nascer algum cãozinho fraco, defeituoso, doente ou raquítico, que deve ser descartado.

Não podemos nos esquecer, também, do mais importante problema de ordem sentimental: terá o criador a coragem necessária para sacrificar ou mesmo, mandar sacrificar os filhotes raquíticos, defeituosos ou doentes e principalmente, os que, embora sadios e perfeitos, são considerados "excedentes"?

O criador, no entanto, embora disso seja capaz, não pode tomar atitudes extremas como, por exemplo, sacrificar toda uma ninhada que "veio" sem que ele o desejasse ou soubesse e apenas porque se descuidou, a cadela foi acasalada e teve os filhotes. Além disso, não devemos retirar todos os filhotes da cadela, de uma só vez, porque isso pode causar problemas graves à própria cadela, não só por motivos psicológicos, mas também, à sua saúde física, sendo os danos, muitas vezes, irreparáveis.

Entre os problemas mencionados, temos: - a cadela fica procurando os seus filhotes, fica irritada, desesperada, mesmo, pára de comer, etc., o que abala a sua saúde; - como está em lactação, o seu leite pode "empedrar", causando abcessos mamários ou no mínimo, sérias inflamações das mamas, sempre com grandes sofrimentos para a cadela; - pode ocorrer a febre do leite; - a cadela pode apresentar complicações graves, devido a desequilíbrios hormonais que podem ocorrer, como convulsões, eclâmpsia, etc.

A decisão, no entanto, tem que ser tomada logo após o parto, havendo duas alternativas: *1)* os filhotes são separados imediatamente, da mãe; ou, *2)* os cãezinhos são deixados normalmente com a cadela, pois quando eles são tirados dela, logo que nascem, ela não sente, depois, a sua falta.

12.5. SACRIFÍCIO OU EUTANÁSIA

Normalmente, os filhotes que nascerem fracos, defeituosos, raquíticos ou aleijados, devem ser sacrificados pois, geralmente, morrerão ou serão "enjeitados" pela cadela, o que traz uma série de problemas para o seu dono.

O próprio criador pode sacrificar esses animais, sem dor ou sofrimentos para eles. Basta, para isso, empregar, servindo como máscara, para a anestesia, um funil adquirido no comércio ou até mesmo feito ou improvisado com uma folha metálica, papel grosso, papelão e até com um jornal enrolado, nele colocando um algodão encharcado em éter ou clorofórmio. Depois, é só colocar essa "máscara" no focinho do cão e ele, aspirando o éter ou o clorofórmio, vai ficando anestesiado e "dorme" logo. Para completar o sacrifício, basta manter a máscara no cão, com o anestésico, por mais algum tempo, até que o animal não mais apresente sinais de vida, morrendo sem nenhum sofrimento, pois já estava totalmente anestesiado.

12.6. NÚMERO DE FILHOTES COM A CADELA

Quando a ninhada é grande, mesmo depois de descartados os filhotes defeituosos, o número dos filhotes restantes ainda pode ser excessivo para a capacidade que a cadela tem, para alimentá-los, por melhor "leiteira" que ela seja. Neste caso, o criador, para manter todos esses cãezinhos, poderá suplementar a sua alimentação com a "mamadeira" ou então, conseguir uma outra cadela para servir-lhes de ama-de-leite.

Normalmente, devem ser deixados, com a fêmea, 4 a 6 ou no máximo 7 a 8 filhotes, sendo os outros criados na mamadeira ou descartados, transferidos para outra cadela que haja tido filhotes, de preferência, no mesmo dia do nascimento dos filhotes que ela vai receber para criar, para que eles possam mamar o colostro.

Quando for apresentar os filhotes à sua possível ama-de-leite, é preciso cuidado, para que ela não os estranhe ou reaja, podendo até atacá-los. Quando, no entanto, ela os lambe, é um bom sinal pois, normalmente, ela os aceitará.

12.7. FILHOTES ÓRFÃOS

Quando uma cadela morre durante o parto ou logo depois de ele terminar, deixando os seus filhotes órfãos, para salvá-los, o criador tem que começar a alimentá-los, imediatamente.

Para resolver esse problema, só há três alternativas: *1ª)* conseguir uma ama-de-leite, ou seja, outra cadela que, de preferência, tenha, também, filhotes nascidos no mesmo dia em que nasceram os "órfãos". Nessa emergência, no entanto, serve qualquer outra cadela que esteja produzindo leite e em quantidade satisfatória e que os aceite, adotando-os como seus filhotes. Essa seria a solução mais lógica, prática e menos trabalhosa, porque a cadela se encarregaria, não só de amamentá-los, mas também de os criar, dando-lhes toda a atenção e cuidando deles com todo o carinho, como se fossem seus próprios filhos; *2ª)* alimentar os filhotes "na mamadeira", embora, na sua primeira semana de vida, eles sejam alimentados, realmente, com o uso de uma seringa, pois ainda são muito pequenos e o bico da mamadeira ainda é muito grande para eles. Na segunda semana, já pode ser usada a mamadeira.

Quanto aos alimentos a serem dados aos filhotes, desde recém-nascidos, ver "Alimentação Artificial" - Capítulo 13, página 135 deste livro.

Na 1ª semana de vida, os filhotes devem receber alimentação de 2 em 2 horas, dia e noite. Da 2ª semana de vida, em diante, a alimentação passa a ser dada de 3 em 3 horas e os filhotes devem receber também e diariamente, na boca, 1 vez ao dia, 1 medida de óleo de fígado de bacalhau.

Nessa época, já podemos começar a ensinar os filhotes a comerem sozinhos.

12.8. OUTROS CUIDADOS COM OS FILHOTES ÓRFÃOS

O primeiro deles, é dar conforto aos filhotes, preparando-lhes um ninho, ou seja, um caixote ou uma cesta, no qual eles fiquem bem abrigados e o que é mais importante, bem aquecidos, mesmo que, para isso, seja necessário lançar mão de um aquecimento artificial como uma lâmpada infravermelha, uma resistência elétrica, cobertores ou outros agasalhos, pois os filhotes, nessa idade, sofrem com o frio que os prejudica muito e até os pode matar. Naturalmente, em ambientes fechados, os filhotes ficarão muito mais protegidos dos ventos, do ar frio, etc. Além disso, o criador deve fazer massagens leves e ligeiras "na barriga" dos filhotes, para estimulá-los a urinar e a defecar, como o faz a cadela, que os lambe, nessa região, com o mesmo objetivo.

Importante, também, é manter a mais rigorosa higiene nos filhotes e no ninho, para evitar problemas de saúde que, certamente, surgiriam.

A outra alternativa, para quando, realmente, não houver outro "jeito" pois, além de ser muito triste e dolorosa para quem "tem coração" e mais ainda, para quem gosta de animais e que ainda causa prejuízos ao criador, é sacrificar os filhotes que não podem ser criados, o que significa, às vezes, a ninhada inteira!

Praticar a eutanásia é doloroso mas, às vezes, é a única ou a melhor solução para os animais, evitando que sofram e acabem morrendo.

12.9. SAÚDE

Quando algum filhote, de qualquer idade, apresentar falta de apetite (inapetência), vômitos e diarréia, se a sua temperatura for de 39,1°C,o problema é sério e se ela atingir 39,4°C, o médico veterinário deve ser consultado imediatamente, porque o estado do paciente pode ser muito grave.

12.10. TEMPERATURA DOS *POODLES*

As temperaturas normais para os *poodles* são de 38,5°C para os adultos e de 38,9°C para os filhotes. Como, no entanto, eles são muito "nervosos", podem ficar muito excitados por vacinas, cortes de pêlos, etc., e, sua temperatura pode se elevar. Se não houver, porém, uma justificativa e ela demorar algumas horas, é melhor consultar um médico veterinário.

Tronco de Cobertura

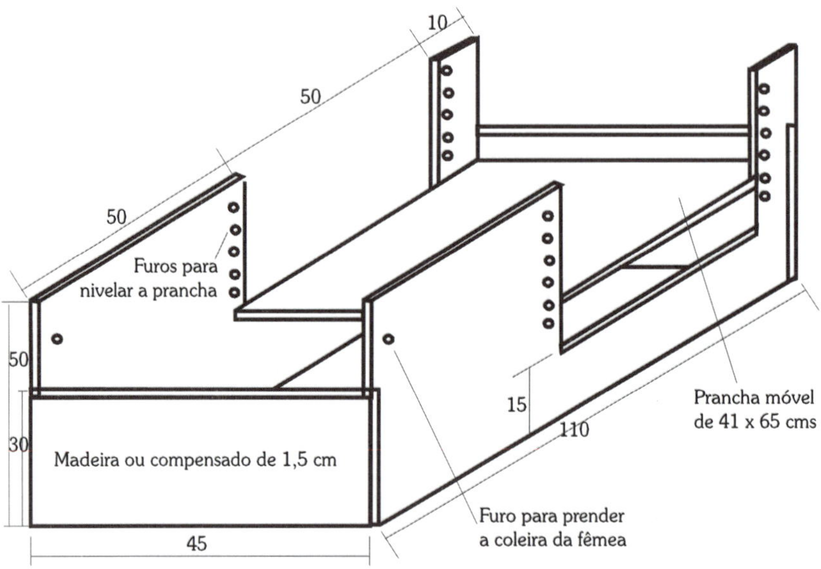

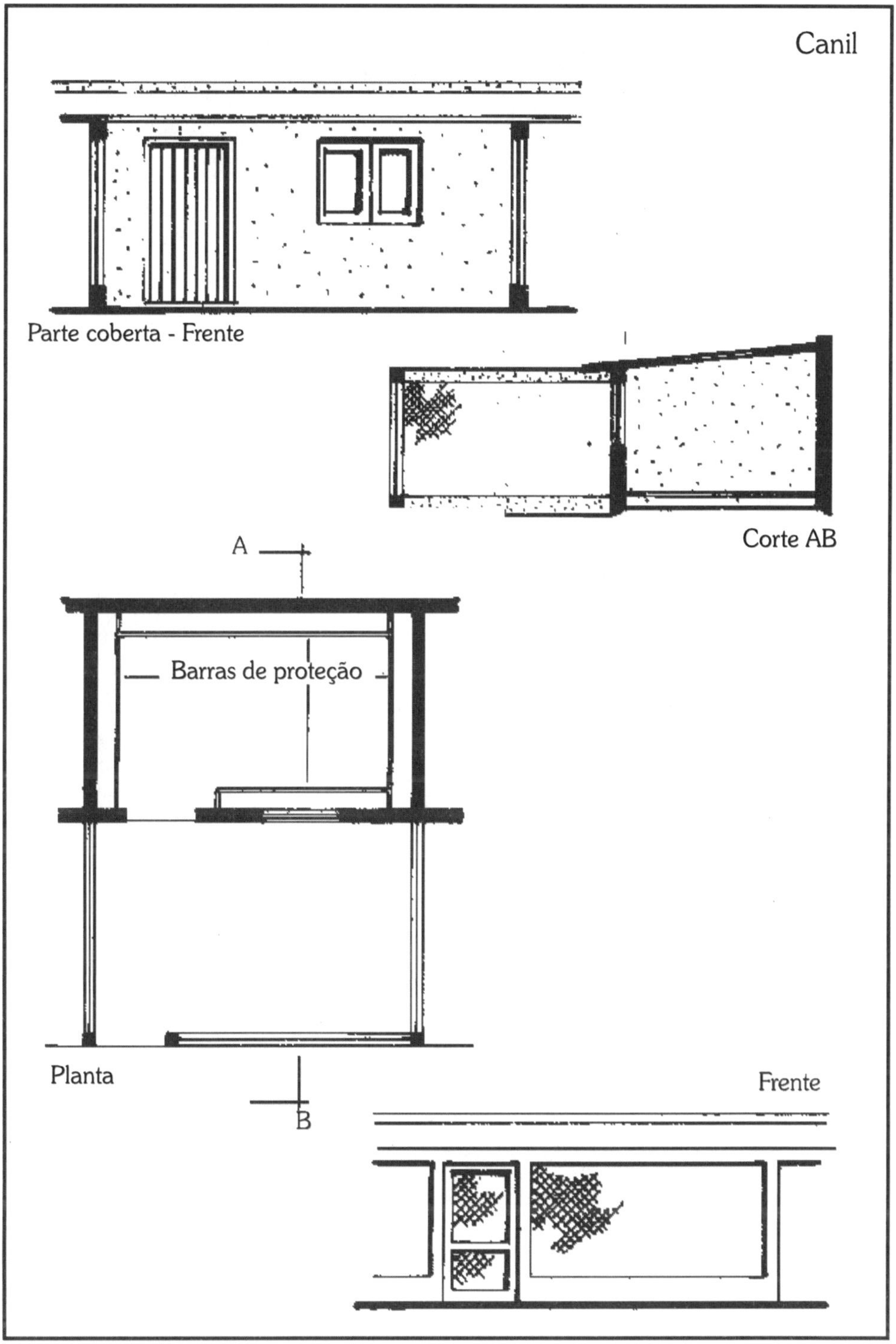
Canil
Parte coberta - Frente
Corte AB
A
Barras de proteção
Planta
B
Frente

• *Gladiator Firestorn - Poodle Toy* - 2 anos de idade - Canil Gladiator's - Jovem Campeão - Campeão - Grande Campeão e Campeão Panamericano - Propriedade de Izabel Pernambuco - Foto Lionel Falcon.

CAPÍTULO 13

LACTAÇÃO E DESMAMA

Como os cães são animais mamíferos, até certa idade só se alimentam de leite materno. Por isso, da quantidade e da qualidade do leite da cadela dependem a vida, a precocidade e a qualidade dos cãezinhos.

13.1. LACTAÇÃO

É o período que vai desde a 1ª mamada que os filhotes fazem logo após o nascimento, até à desmama. Nessa fase, portanto, todas as suas funções vitais dependem unicamente da cadela, como ocorria quando ainda eram fetos, em sua vida uterina.

O leite é produzido pelas glândulas mamárias que entram em plena atividade com o estímulo do parto, para que a fêmea possa alimentar os seus filhotes, logo após o nascimento. As cadelas, em geral, possuem 10 mamas. Para amamentar os filhotes, elas se deitam de lado, facilitando-lhes o acesso às suas tetas.

A **quantidade de leite** produzido pela cadela varia, não só de acordo com a sua capacidade leiteira, mas também com a sua alimentação, o manejo, o estresse, a temperatura ambiente, etc. A **qualidade do leite**, no entanto, depende, em grande parte, do valor nutritivo da alimentação da cadela durante o seu período de lactação. Por esse motivo, é aconselhável que, durante a gestação e lactação, as cadelas recebam uma alimentação fresca, saudável, nutritiva e bem equilibrada, na qual elas encontrem todos os elementos nutritivos de que necessitam, não só para a sua produção leiteira, mas também para compensar o grande desgaste físico produzido por uma gestação e uma lactação sucessivas.

Por esse motivo, durante o período de amamentação, elas devem receber 5 refeições diárias. Para uma *poodle* standard, dar 1 kg de carne por dia e para uma *poodle* miniatura, 250 gramas.

O **período de lactação** varia, não só de cadela para cadela, mas também de acordo com a sua raça e com outros fatores.

As cadelas de 1ª cria não produzem tanto leite quanto nos partos seguintes.

É necessário que o criador verifique, desde a 1ª mamada, se os filhotes estão se alimentando bem e se a cadela tem leite suficiente, para que possa tomar as providências necessárias, quando for preciso suplementar a sua alimentação.

Os próprios filhotes "reclamam" quando estão com fome e o primeiro sinal de que não estão sendo bem alimentados, é dado por eles mesmos, quando ficam "chorando", o que deve ser evitado, porque os 3 primeiros dias são, talvez, os mais importantes para o desenvolvimento dos filhotes, inclusive devido à sua alimentação com o colostro. Para impedir que isso aconteça é necessário controlar a produção de leite das cadelas, o que evitará prejuízos, quando elas abandonam os filhotes, deixando-os passar fome.

O filhote menor ou mais fraco deve ser colocado, pelo criador, para mamar na cadela, de 2 em 2 horas, para que se desenvolva melhor e possa competir com os seus irmãos.

Entre as causas que podem provocar uma baixa na produção leiteira das cadelas temos: falta de água para beber; alimentação deficiente em quantidade ou qualidade; desmama precoce ou muito cedo; falta de higiene; número excessivo de filhotes, etc.

Durante o período de lactação das cadelas, não devemos administrar-lhes medicamentos, desinfetantes, inseticidas, vermífugos, etc., porque eles passam para o leite, prejudicando e intoxicando os filhotes e podendo até matá-los.

13.2. O PRIMEIRO LEITE E O COLOSTRO

Logo após o parto, as glândulas mamárias da cadela começam a produzir o primeiro leite, um leite especial, bem mais grosso do que o normal, porque contém o **colostro**, que é um conjunto de substâncias ricas em proteínas, sais minerais, vitaminas anti-corpos contra uma série de doenças, etc. Além disso, o colostro tem um efeito laxativo, fazendo com que os filhotes recém-nascidos eliminem o **mecônio**, uma substância amarela que "enche" os seus intestinos, durante a sua vida como fetos, mas que deve ser eliminado, "limpando" os intestinos dos cãezinhos recém-nascidos.

13.3. AS MAMADAS

Nos primeiros dias, as mamadas devem ser dadas de 3 em 3 e depois de 4 em 4 ou de 5 em 5 horas o que, multiplicando por uma ninhada de 8 filhotes, por exemplo, significa quase 40 a 60 mamadas por dia e 1.200 a 1.800 por mês, o que, naturalmente, sacrifica muito a cadela durante o seu período de lactação.

Chiquitita - Fêmea *Poodle*
3 anos de idade - Canil Macoes
Propriedade de Elisabeth Coe
São Paulo

13.4. CUIDADOS DURANTE A LACTAÇÃO

Todos os dias, o criador deve examinar, cuidadosamente, todas as mamas da cadela, para tratá-las, se necessário, pois com 10 a 15 dias de idade, os cãezinhos já possuem os primeiros dentinhos, podendo ferir as suas tetas, causando ferimentos, infecções e até mesmo, mamites. Além disso, com as suas afiadas e numerosas unhas, os filhotes podem arranhar as mamas e as tetas da cadela, causando-lhe dores, machucados, ferimentos, infecções e mamites, que podem causar até a perda das mamas atingidas.

Por esses motivos, a cadela sofre para alimentar os seus filhotes. É por isso que, muitas vezes, ela reluta em deixá-los mamar e quando as dores são muito fortes, se recusa, mesmo, a fazê-lo, para não sofrer muito.

Para evitar que tudo isso aconteça, devemos cortar as unhas dos filhotes, mantendo-as sempre curtas, desde sua primeira semana de vida.

É necessário examinarmos, também, de preferência todos os dias, as mamas e tetas da cadela, para verificarmos se apresentam algum machucado, para que seja tratado. Quando houver sinais de que elas estão ficando mais vermelhas e ficando inchadas e duras, devemos fazer massagens e aplicar compressas quentes sobre elas, para aliviar a dor da cadela e para que desinchem e voltem ao normal.

13.5. ALIMENTAÇÃO SUPLEMENTAR

Quando a cadela produzir pouco leite ou a ninhada for muito grande, podemos auxiliá-la, fornecendo aos filhotes, 2, 3 ou mais mamadeiras ao dia, mas os deixando mamar, também, na cadela, pois essa prática alivia a cadela e melhora a alimentação dos cachorrinhos.

13.6. MAMADEIRA - RECEITAS

Uma boa receita para fazer a mamadeira para os cãezinhos é a seguinte: 1 litro de leite; 1 xícara de chá de leite em pó; 1 xícara de chá de creme de arroz; 1 ou 2 gemas de ovo; 1 colher das de sopa de glicose; 1 colher das de sopa de um produto à base de cálcio e fósforo, para uso via oral; 1 colher das de café de geléia de mocotó ou gelatina em pó e 1 colher das de sopa de maizena.

Essa mamadeira pode ser dada aos filhotes, quando o leite da cadela é insuficiente para eles ou quando perdem a mãe e o seu dono não consegue outra cadela como sua ama-de-leite.

Com 3 semanas de idade, já devem aprender a comer.

À medida em que eles vão crescendo e já comem no prato, a mamadeira pode ser engrossada com uma quantidade maior de maizena e o creme de arroz substituído por arroz cozido na água, mas sem tempero.

Quando os filhotes atingem 30 a 35 dias de idade, devemos ir adicionando carne crua bem picada ou moída, à sua alimentação. Para verificarmos se a carne está sendo dada nas quantidades indicadas, há um método muito simples, prático e eficiente: examinar, todos os dias, as fezes dos cãezinhos. Se encontrarmos nelas, pedaços de carne, isso indica que os filhotes ainda não a estão digerindo bem e que a sua quantidade deve ser diminuída por uns dias, para depois ser aumentada, aos poucos.

Nessa fase, os filhotes devem começar a receber legumes como, por exemplo, cenoura ralada. Além disso, devem continuar recebendo, na refeição diária, sais minerais e vitaminas.

O que não deve ser dado aos filhotes são os seguintes alimentos: gorduras, carne de porco, salames, açúcar, doces, sorvetes, frutas frescas, pão fresco, farináceos, feijões, ervilhas, brócolis, etc., porque lhes fazem mal.

Geralmente, a cadela só deixa os filhotes mamarem à vontade, durante mais ou menos 1 mês pois, já na sua 4ª semana de vida, ela começa a controlar as mamadas e não mais os deixa mamar com a mesma freqüência.

Quando eles estão com 1 mês de idade, então, ela começa a evitar, ao máximo possível, que eles mamem, iniciando-se assim, a desmama natural. Nessa época, eles começam a se interessar pelos alimentos da cadela ou por outros que fiquem a seu alcance.

Cadelas há que chegam até a vomitar o seu alimento já digerido, para que os filhotes o comam e aprendam a comer alimentos sólidos.

A própria cadela, portanto, ensina que, com 1 mês de idade ou um pouco menos, os filhotes já podem começar a ser alimentados artificialmente, para que a desmama se processe gradativamente, e eles não a sintam, quando forem separados da mãe.

Com mais ou menos 7 semanas de idade eles já se alimentam independentemente, e a dieta da cadela volta ao normal.

Filhotes bem alimentados ou bem nutridos dobram de peso com 9 dias de vida e o quadruplicam, com mais ou menos 3 semanas de idade.

13.7. ALIMENTAÇÃO ARTIFICIAL

Nessa fase, a alimentação dos filhotes deve constar de leite de vaca, mingaus, sopa de legumes, arroz com carne crua moída ou bem picada (1 colher das de chá). A carne deve ser aumentada até 1 xícara, 2 vezes ao dia, na 8ª semana de vida dos filhotes.

Arroz cozido só com sal e sem temperos; carne crua bem picada e cenoura ralada podem ser dados aos cães, durante toda a sua vida.

Os filhotes devem receber, também, vitaminas e sais minerais.

É importante que a alimentação seja fornecida aos cãezinhos, sempre no mesmo horário, no mesmo prato e no mesmo local.

Devemos salientar que existem rações balanceadas comerciais, especiais para esses cãezinhos.

13.8. DAR LEITE NO PRATO OU EM OUTRA VASILHA

Quando o criador usa a mamadeira para a alimentação dos cãezinhos, não há problemas, bastando colocar o bico da mamadeira na boca dos filhotes pois, imediatamente, eles começarão a sugá-lo, mamando, como o fariam nas tetas da cadela.

No caso, porém, de o criador, para diminuir o seu trabalho, desejar fornecer-lhes leite ou mingaus, em pratos ou em outras vasilhas semelhantes, é necessário que ele ensine aos cãezinhos, como tomar esses alimentos nesses recipientes, o que é bastante fácil.

Basta, para isso, que proceda da seguinte maneira: *1)* coloque o leite ou mingau, em um prato fundo; *2)* "suje" uma colher pequena no alimento e a encoste na boca do filhote que, sentindo o cheiro do leite passa, imediatamente, a lambê-la e a chupá-la; *3)* molhe novamente, a colher no leite e com o filhote bem junto ao prato, a encoste no seu focinho e boca, para que ele sinta o cheiro do leite e comece a lambê-lo; *4)* logo que ele começar a fazê-lo, o criador vai abaixando a colher até que a boca do cachorrinho toque a superfície do leite, pois logo que isso acontecer, ele começa a lamber e a beber o leite dentro do prato; *5)* caso o filhote não comece a beber o leite do prato, repetir a operação, que ele o fará.

Outro método, com o mesmo objetivo, é o seguinte: *1)* o criador depois de lavar bem as mãos, molha o seu dedo no leite do prato e deixa o filhote lambê-lo; *2)* molha novamente o dedo no leite e enquanto o filhote o está lambendo, vai baixando o dedo até mergulhá-lo no leite do prato.

Basta agir dessa maneira e o filhote passará a tomar o leite ou o mingau que estiver no prato e depois, até mesmo outros alimentos que nele forem colocados.

13.9. BAIAS PARA A ALIMENTAÇÃO DOS FILHOTES

Quando os cãezinhos começam a ser alimentados em pratos ou em outras vasilhas, cada um deles deve ter a sua própria vasilha e não comer, também, nos pratos de seus irmãos ou vizinhos. Os criadores sabem o trabalho que isso exige, até que os filhotes se acostumem a comer somente no seu próprio prato.

Uma técnica que facilitará muito esse trabalho é o emprego de baias que nada mais são do que pequenos compartimentos dispostos em série, lado a lado e em cada um dos quais é colocado um filhote com o seu prato.

As divisões entre as baias podem ser de madeira, grade, tela ou de qualquer outro material, desde que separe os filhotes uns dos outros, mas permita que cada um deles possa ver os seus vizinhos, embora não os possa alcançar e nem aos pratos nos quais eles estão comendo.

Dessa maneira, em pouco tempo, os cãezinhos se acostumam a comer cada um em seu próprio prato e depois, mesmo fora das baias, não vão roubar a comida dos outros. Esse processo pode ser usado para cães de todas as idades, inclusive adultos, variando, apenas, os tamanhos das baias.

Podemos, também, adaptar mamadeiras, às baias, para a alimentação dos filhotes menores, ainda em lactação.

13.10. DESMAMA

Os filhotes devem ser separados da cadela, aos poucos e não todos de uma só vez, para evitar que as suas mamas fiquem com leite, o que lhe poderia causar sofrimentos, dores, inflamações, mamites e até abcessos, com o perigo, inclusive, da perda de mamas e de tetas.

Além disso há, também, o fator psicológico, pois a cadela sente muito a falta dos filhotes, fica desesperada e estressada, o que lhe é muito prejudicial.

Para os filhotes desmamados, devem ser dadas 4 refeições por dia, passando a 3 (de 8 em 8 horas) e depois, quando eles ficam adultos, a 2 refeições ou somente a uma refeição ao dia.

As refeições devem ser variadas e dadas, de preferência, mornas.

Com 8 semanas de idade, os filhotes devem tomar um vermífugo ou até mesmo antes, se apresentarem sintomas de verminose, como barriga grande ou "esticada" e fezes descoloridas.

Depois de os filhotes pararem de mamar na cadela ou de "deixarem" a mamadeira, cada um deles deve ter o seu próprio prato ou a sua vasilha, porque: - vão se acostumando a comer somente no seu prato, o que, mais tarde, facilita o seu treinamento, para não comerem nada que encontrarem em qualquer lugar ou que estranhos lhes oferecerem; - evita possíveis transmissões de doenças; - impede a competição que há, quando todos os filhotes comem em uma só vasilha e os maiores e mais fortes comem, não só a sua, mas também, a comida dos seus irmãos menores e mais fracos que, por isso, não se alimentam direito e têm o seu desenvolvimento e até a sua saúde prejudicados; - quando são vendidos, levam junto o seu prato, o que concorre para que estranhem menos, a mudança de ambiente, pois eles se alimentam, porque já estão acostumados com o seu prato, objeto esse, ligado à idéia de comer.

Quando um filhote fica "agoniado", irritado e choramingando, isso pode ser um sintoma de fome ou de dor de barriga (cólica), em geral, causada por vermes intestinais.

13.11. SURDEZ

Embora não seja muito comum, pode acontecer que, em uma ninhada, nasça algum filhote realmente surdo. Por esse motivo, ele não escuta os sons normais como os chamados do dono, o barulho das portas e, por isso, é sempre o último a sair do ninho para se alimentar e assim mesmo, o faz, porque vai acompanhando os seus irmãos ou companheiros que vão saindo na sua frente. Além disso, não faz o gesto normal de um cão, mesmo filhote, que ao ouvir algum chamado ou algum som estranho, levanta a cabeça, imediatamente, para verificar a origem desses barulhos.

Pelos motivos expostos, o criador deve observar bem, o comportamento dos filhotes, principalmente dos que são, sempre, os últimos a saírem do ninho. Os suspeitos de sofrerem de surdez devem ser submetidos a um teste para ser verificada a sua capacidade auditiva. Esse teste é muito simples: chamar o filhote; assobiar; bater com um objeto em uma vasilha, etc., mas sempre sons diferentes.

Da resposta do filhote a esses estímulos é que o seu dono pode chegar à conclusão de que ele é normal ou é surdo e qual o grau da sua surdez, o que é de grande importância, para que possa ser julgado, também, o comportamento do animal.

Um criador não deve, nunca, vender um cão surdo, pois isso poderia trazer sérios problemas para o comprador e, também para ele, logo que esse grave defeito fosse descoberto: basta imaginar um cão de guarda surdo.

13.12. CUIDADOS COM AS UNHAS DOS FILHOTES

Quando os filhotes começam a se movimentar pelo ninho e a andar passando uns sobre os outros e sobre a cadela, o que acontece, mais ou menos, quando estão com uma semana de idade, suas unhas devem ser cortadas, imediatamente, porque podem causar problemas, pois irritam, não só a cadela, mas também os outros cachorrinhos, porque podem arranhá-los e feri-los, provocando infecções.

Em relação à cadela, o problema se agrava porque, além de feri-la pelo corpo, as unhas dos filhotes, por serem grandes, pontudas e afiadas, podem causar sérios ferimentos nas suas mamas, além de infecções que podem levar à perda de mamas e de tetas, prejudicando a produção leiteira da cadela, que só poderá, depois, amamentar um número menor de filhotes do que normalmente. Além disso, as mamas e tetas ficam tão doloridas, que ela sofre muito quando os filhotes mamam, porque eles as sugam e as esticam e ainda dão pancadas sobre elas, com o seu focinho e patas, bem como as "cutucam" e arranham com as unhas.

Por esses motivos, para evitar dores e sofrimentos, a cadela evita e até se recusa a amamentar os seus filhotes, para não sofrer, devido aos ferimentos por eles causados.

Para evitar que isso aconteça, as unhas dos filhotes devem ser cortadas ou aparadas, pelo menos 1 vez por semana, com uma tesoura bem afiada ou um alicate especial. É preciso tomar cuidado para não cortá-las muito curtas, para não atingir "o sangue", isto é, a sua região irrigada por veias e artérias e na qual se encontram, também, nervos.

Quando os filhotes saem do ninho e passam a andar e a correr sobre terrenos ou superfícies ásperas, suas unhas não crescem tanto, mantendo-se sempre curtas, lisas e sem pontas agudas, como ocorre nos canís e cômodos cimentados, em que ficam os cães.

13.13. UM "BANHEIRO" PARA OS FILHOTES

Normalmente, os cachorrinhos evacuam logo depois de cada refeição. Por esse motivo, o criador pode facilitar muito a limpeza do local em que eles se encontram, seja dentro ou fora de casa ou de um canil. Para isso, é necessário, apenas, que reserve um "cantinho" ou local para lhes servir de "banheiro" e que pode ser um simples local forrado com jornais ou um tabuleiro, também forrado com papéis, jornais velhos, areia e que fiquem o mais perto possível do ninho ou do local em que os filhotes se alimentam.

Basta, depois, levar os filhotes, logo após cada refeição, para o "banheiro", pois eles farão aí as suas "necessidades", vão se acostumando com isso e, em pouco tempo, o seu dono não mais precisará levá-los, porque eles se dirigem, sozinhos, para essa dependência tão importante.

O fato de os filhotes defecarem normalmente, logo depois das refeições, é um fenômeno natural, causado pelo funcionamento dos intestinos, acionado pelo estímulo da entrada de alimentos no estômago.

Quando os cãezinhos vão ficando mais velhos, essas evacuações vão se tornando mais espaçadas mas, normalmente, ocorrem nas mesmas horas.

Os cães adultos, por exemplo, recebem uma refeição 1 ou 2 vezes ao dia, o que facilita muito, os trabalhos de limpeza ou o trabalho para "levá-los para passear", ou seja, para fazerem as suas necessidades na rua ou em terrenos baldios (o que já está saindo de moda, devido a restrições e multas impostas pelas prefeituras de muitas cidades). Mesmo em apartamentos, no entanto, podemos fazer um "cantinho" como um tabuleiro forrado, para que sirva de "banheiro" para os cães.

Fêmea adulta *Poodle*
Foto Lionel Falcon
São Paulo

Brad Pitt - Macho Poodle adulto - Canil N AND T'S - Propriedade de Maria Cecília Pernambuco - Foto Lionel Falcon.

Shambinho e Rebeka
"engatados"
no acasalamento.
Visto por trás.
Canil Macoes
Propriedade de
Elisabeth Coe
São Paulo.

Capítulo 14

Período de Crescimento

14.1. GENERALIDADES

Quando o cãozinho tem mais ou menos 2 meses de idade, seja ele adquirido ou criado pelo seu dono, deve ser examinado por um médico veterinário, pois está na época de começar a ser vacinado contra algumas doenças: cinonose, hepatite infecciosa, parvovirose, coronavirose, influenza, leptospirose e, mais tarde, com 5 meses, contra a raiva, segundo um esquema de vacinações (ver página 153).

O período de crescimento é de grande importância para a vida e o futuro dos cães, além de ser o que maiores preocupações traz aos seus donos porque, antes da desmama, os cãezinhos tinham a cadela para cuidar deles, para os alimentar convenientemente e para lhes proporcionar uma certa proteção ou resistência contra determinadas doenças. A partir da desmama, no entanto, eles passam a depender somente do seu dono para alimentá-los, tratá-los, defendê-los das doenças, protegê-los de outros animais e ainda, para proporcionar-lhes o carinho de que tanto necessitam, principalmente nessa fase da sua vida.

Além dessas responsabilidades, o seu dono tem que se preocupar, também, com o ensino e o treinamento de seus "filhotes", para que eles não cresçam desobedientes e "mal educados" o que, mais tarde, os desvaloriza e pode causar sérios aborrecimentos.

O período de crescimento vai desde a desmama até à fase adulta, quando eles têm completada a calcificação dos seus ossos, o que nos *poodles*, ocorre geralmente, entre os 10 e 12 meses de idade. Durante esse período, os cães, em geral, multiplicam o seu peso, de 3 a 6 vezes.

A melhor maneira de controlar a saúde e o desenvolvimento dos filhotes é, periodicamente, verificar o seu peso pois, quando eles não aumentam de peso ou esse aumento é muito pequeno, isso é sinal de que sua alimentação é deficiente em quantidade ou qualidade ou então, que eles estão com algum problema de saúde como, por exemplo, o que é muito comum, uma verminose. Além disso, esse controle serve, também, para analisar a uniformidade de crescimento da ninhada.

O controle dos pesos dos filhotes é de grande importância, porque desde os primeiros dias após o parto, já podemos fazer uma avaliação da capacidade leiteira da cadela, o que permitirá que, se necessário, seja suplementada a alimentação dos cãezinhos, com "mamadeira", para que o seu desenvolvimento não seja prejudicado.

Portanto, dos cuidados que o dono tiver com os filhotes dependerão a saúde, o crescimento, o desenvolvimento e o valor dos seus cães.

Uma alimentação defeituosa, por exemplo, pode provocar doenças da nutrição, muitas vezes de difícil tratamento e, as vezes, irreversíveis.

Baias para cães novos

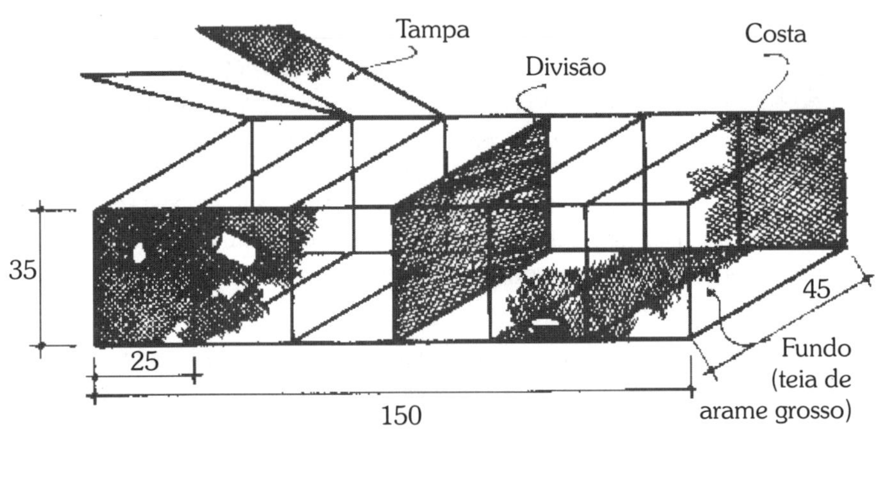

Capítulo 15

Alimentação e Alimentos

15.1. GENERALIDADES

A alimentação varia, naturalmente, de acordo com a idade e o tamanho do *poodle*; as condições ambientais; a temperatura; os exercícios a que são submetidos, etc., embora os seus princípios básicos sejam os mesmos para todos os cães. Como, no entanto, o organismo dos cães é formado por proteínas, hidratos de carbono, minerais e vitaminas, eles devem receber, na sua alimentação, esses mesmos elementos nutritivos para suprirem as suas necessidades e compensarem os seus desgastes orgânicos.

Devemos nos lembrar sempre, de que os cães, como os seus antepassados, são essencialmente carnívoros e que, por isso, não devemos forçar-lhes à mesma alimentação humana, principalmente quando temperada. Por esse motivo, citaremos alguns dos principais alimentos para cães.

15.2. DOS ALIMENTOS

15.2.1. Carne

É o melhor alimento para os cães. Quando empregamos o termo "carne", estamos nos referindo, não só a músculos, mas também a coração, miolos, fígado, rins, cabeças e pescoços de frangos moídos e a todas as partes comestíveis de diversos animais como bois, cavalos, cabras, carneiros, coelhos, aves, etc.

Aconselhamos a carne crua, de preferência picada e na proporção de 40% a 50% da alimentação diária dos cães, de acordo com os outros alimentos que eles receberem. Um pouco de gordura da carne ou um óleo de milho, por exemplo, são bons para melhorar os pêlos dos *poodles*.

15.2.2. Farinha de carne

É incluída, principalmente nas rações balanceadas, nas quais ela entra em porcentagens elevadas.

15.2.3. Peixes

Sua carne é rica em proteínas, sais minerais e iodo. O seu inconveniente é que estragam com facilidade mas, quando estão frescos, são um bom alimento, desde que retiradas todas as espinhas, para evitar acidentes como engasgos, perfurações das vias digestivas, etc. Também os peixes enlatados são um bom alimento, desde que os cães os aceitem. A farinha de peixe é bem aceita pelos cães, mas tem o inconveniente do seu mau cheiro.

15.2.4. Ovos

São um bom alimento para os cães. Quando cozidos podem ser dados inteiros mas, quando crus, deve ser dado aos cães, somente a gema, porque a clara crua é indigesta e provoca eliminação de vitaminas. O ovo cru, inteiro, pode provocar diarréia em muitos cães.

15.2.5. Leite

O leite da cadela faz com que os filhotes, em apenas 9 dias, atinjam o dobro do peso que tinham ao nascer e mantém o seu desenvolvimento normal durante várias semanas, o que só é possível, porque ele é um alimento completo, sendo indispensável para os cãezinhos. É por isso que, quando a cadela não tem leite ou o produz em pequenas quantidades, os filhotes devem receber um aleitamento artificial (ver pág. 135).

Para substituir o leite da cadela podemos empregar o leite de vaca ou o de cabra, naturalmente corrigidos ou então leite em pó ou leite condensado e até mesmo queijo, embora este último seja muito caro.

15.2.6. Cereais

Os mais empregados na alimentação dos cães são o arroz, o milho e a aveia, sob a forma de farinhas. O **arroz**, por exemplo, é um dos melhores alimentos para cães, mas deve ser dado cozido, sem tempero e frio ou morno, misturado com legumes, carne ou caldos.

15.2.7. Massas

Muito apreciadas pelos cães, devem ser dadas com cautela, principalmente no seu período de crescimento.

15.2.8. Açúcar

Os cães gostam muito de açúcar sob qualquer forma: puro, doces, balas, chocolates, rapaduras, etc. Quando dado em excesso faz o animal engordar muito e pode provocar distúrbios mais ou menos graves. Além disso, o açúcar faz o cão perder a fome e descontrola o seu regime alimentar. Em maiores quantidades pode provocar problemas para os seus dentes (cáries, etc.)

15.2.9. Bombons, chocolates, doces e balas

Não devem ser dadas aos cães.

15.2.10. Legumes

Quando verdes, são ricos em vitaminas mas, quando secos, não são recomendáveis na alimentação dos cães, porque são ricos em amidos mas pobres em vitaminas.

15.2.11. Frutas

Um bom alimento para cães, devem ser dadas apenas como suplemento, pois não são alimentos naturais desses animais, embora eles as aceitem bem e elas sejam ricas em glucídios, sais minerais e vitaminas.

15.2.12. Sais minerais

São importantes na alimentação dos cães. Sua falta, deficiência ou o desequilíbrio entre eles, no seu organismo, podem provocar sérios distúrbios.

As necessidades de sais minerais são maiores durante a gestação, a lactação, após a desmama, no período de crescimento, para reparar grandes desgastes físicos, etc. Por isso, é aconselhável dar aos cães, farinha de osso ou mesmo ossos para eles, não só roerem, mas também para que os comam. Os ossos, no entanto, devem ser grandes e fortes, para evitar que se partam em pedaços pequenos, pontudos ou cortantes, que podem provocar engasgos e ferimentos, às vezes graves, no seu aparelho digestivo. Não dar aos cães ossos pequenos e finos como os das aves e de coelhos.

Os sais minerais de que mais necessitam os cães, são os de cálcio e de fósforo, principalmente para a formação do esqueleto e o cloreto de sódio, para a digestão dos alimentos. Também importantes são os de ferro, manganês cobre, iodo, etc. A ricota, por exemplo, é um ótimo alimento, sendo rica, principalmente em cálcio.

15.2.13. Vitaminas

São indispensáveis na alimentação dos cães, embora em pequenas quantidades, pois têm uma grande atuação sobre o estado e o funcionamento do organismo. A falta de vitaminas provoca diminuição da produção, uma série de doenças da nutrição e até a morte do animal. Elas, no entanto, não podem ser dadas em doses muito elevadas porque, também o seu excesso faz mal.

As principais vitaminas, para os cães, são:

- **vitamina A**: necessária para o crescimento, para a reprodução, para os pêlos, etc.;
- **complexo B**: ao qual pertencem as vitaminas B1 , B2 , B6 , B12 , nicotilamina, ácido pantotênico, ácido fólico e biotina. Indispensáveis para prevenir certos distúrbios nervosos. Desempenham importante função na assimilação dos

hidratos de carbono. Sua falta pode provocar atraso no crescimento, algumas alterações na reprodução, queda de pêlos, dermatite seborréica, perda de apetite, diarréia, paralisia, etc.;

- **vitamina C**: Os cães a sintetizam no seu organismo e sua carência pode provocar sintomas semelhantes aos do escorbuto;
- **D2 ou calciferol e D3 ou colecalciferol**: Têm atuações semelhantes. A 1ª é encontrada nos vegetais e na levedura de cerveja e a 2ª, principalmente no óleo de fígado de bacalhau. Atuam na formação do esqueleto e agem, também, sobre as glândulas de secreção interna. Sua falta pode provocar raquitismo, pela não fixação do cálcio e do fósforo no organismo; dentes mal calcificados, etc. Como fontes de vitamina D, temos o leite, o peixe, etc.;
- **vitamina E ou da reprodução**: Estimula as funções reprodutoras como a produção de espermatozóides; garante o desenvolvimento normal do embrião e a nutrição dos fetos; conserva o instinto de lactação da fêmea; evita abortos, morte de neonatos, perda da potência sexual, etc.;
- **vitamina K ou anti-hemorrágica**: Sua carência acarreta atraso no tempo de coagulação do sangue, provocando hemorragias em placentas e abortos;
- **colina**: Sua falta provoca atraso no crescimento, problemas graves no fígado, nos rins e nos músculos do coração, anemia, icterícia, etc.

Sete Poodles de diversas cores- Shining Star Kennel
Propriedade de Eduarda Coutinho - São Paulo

15.3. ALIMENTOS COMERCIAIS

Além dos alimentos produzidos "em casa", para a alimentação dos cães, os seus donos têm, à sua disposição, uma grande variedade de alimentos para cães, vendidos no comércio, principalmente em casas especializadas.

Entre esses alimentos, podemos destacar:

- rações balanceadas especiais para adultos, jovens, filhotes em crescimento, cadelas em gestação, em lactação, filhotes ainda no período de lactação, etc.;
- flocos de aveia, arroz ou cevada, que devem ser dados somente depois de cozidos;
- biscoitos de diversas composições;
- flocos especiais para cães, em geral de origem vegetal e que já vêm prontos para consumo;
- carnes especiais de diversos animais (bois, cavalos, cabras, etc.), pescoço e cabeça de frango moídos, etc.

Naturalmente, um fator importante, na escolha da ração é o seu preço, principalmente quando se tratar de criações comerciais. O criador, no entanto, não deve esquecer: o mais barato não é o que custa menos, mas o que produz os mesmos resultados pelo mesmo preço. Importante, também, é o sabor da ração, pois de nada adianta ela ser a melhor possível, se os cães dela não gostarem e não a comerem bem.

15.4. ÁGUA

É um elemento indispensável à vida. Desempenha uma série de funções no organismo. É o dissolvente indispensável dos alimentos, para que sejam digeridos e assimilados; conserva a elasticidade dos órgãos e dos tecidos; regula a temperatura do corpo, por meio da evaporação, da transpiração, etc.; transporta os princípios nutritivos resultantes da digestão e torna possível a eliminação dos produtos da desassimilação; compõe todos os líquidos e humores do organismo como o sangue, a linfa, as lágrimas, o leite, etc.

Os cães, portanto, devem receber uma quantidade de água suficiente para suprir todas as necessidades do seu organismo.

Quando sua alimentação é composta, também por líquidos, eles bebem menos água do que quando se alimentam com rações secas ou concentradas.

Principalmente para as cadelas em gestação ou lactação e os filhotes, deve ser dada água limpa, fresca e abundante, em vasilhas ou bebedouros bem limpos.

Quando os cães não recebem água em quantidades suficientes, perdem o apetite, não absorvem nem assimilam completamente os alimentos e emagrecem.

Quanto mais elevada é a temperatura ambiente, maior é a quantidade de água necessária para os cães beberem, por serem maiores as suas perdas por transpiração e por evaporação.

As necessidades dos cães, em água, estão relacionadas com o volume, a temperatura e o grau de umidade do seu corpo; temperatura e grau de umidade ambiente; tipo de alimentação (seca ou aquosa); estado de saúde; raça; idade; sexo, etc. e, principalmente, com o tipo de alimentação e as perdas de água através dos rins, pele e pulmão, causadas por diversos fatores.

A água dada aos cães deve ser limpa, fresca, livre de qualquer poluição, de preferência, potável e filtrada e fornecida em bebedouros ou vasilhas bem limpas pois, quando está contaminada ou em más condições físico-químicas, pode transmitir, aos cães, doenças orgânicas, infecciosas ou parasitárias.

15.5. DISTRIBUIÇÃO DOS ALIMENTOS

Pode ser feita 1 a 5 vezes ao dia, mas sempre em horas certas e de acordo, principalmente, com a idade dos cães. Isso facilita a digestão e evita perturbações intestinais.

A regularidade no horário das refeições facilita os serviços e permite que sejam controladas as horas em que os animais querem "ir ao banheiro", para serem tomadas as devidas providências, como o famoso "levar o cão para passear".

A alimentação deve ser bem equilibrada, possuindo determinadas quantidades de proteínas, hidratos de carbono, sais minerais e vitaminas, dentro de determinadas proporções, que permitam sustentar o peso vivo do animal e manter a sua produção.

15.6. NÚMERO E VOLUME DAS REFEIÇÕES

De acordo com a sua idade, os cães devem receber a alimentação com a seguinte freqüência:

- cães em crescimento, até 3 meses de idade: 4 refeições ao dia, num total de 120 a 460g de alimento;
- cães de 4 a 6 meses de idade: dar 3 refeições ao dia, num total de 230 a 900g de alimentos, conforme o tamanho e a raça do cão;
- cães de 6 a 9 meses de idade: 2 refeições ao dia;
- cães acima de 9 meses de idade, dar somente 1 refeição ao dia, de preferência entre 18 e 19 horas, embora não haja inconveniente de que ela seja dada a qualquer hora, desde que sempre no mesmo horário, com o intervalo de 24 horas entre elas, pois eles se acostumam com esse regime alimentar.

Naturalmente, a qualidade ou composição dos alimentos influi, de maneira acentuada, sobre o regime de alimentação dos cães.

A melhor maneira de calcular quanto um cão deve comer, por dia, é fornecer-lhe alimentos equivalentes a 1/20 do seu peso vivo o que, em geral, significa de 450 a 1.500g, de acordo com o peso ou o tamanho do animal

Em um canil comercial, o criador deve fornecer a alimentação aos cães, de acordo com sua idade, produção, número de crias, se são reprodutores, etc., bem como de acordo com o seu tamanho ou peso.

15.7. QUANTIDADES DE ALIMENTOS PARA OS *POODLES*

Por melhores que sejam os alimentos ou a sua composição, os cães só ficarão bem alimentados se receberem as quantidades de que necessitam pois, importante não é só a qualidade dos alimentos, mas também a sua quantidade. Além disso, devemos levar em consideração que os cães necessitam de alimentos para manter a sua vida refazendo, inclusive, os seus desgastes orgânicos (ração de manutenção ou mantença) e os necessários à sua produção como, por exemplo, de filhotes, leite, trabalho, etc., ou seja, a ração de produção.

De um modo geral, na prática, podemos estabelecer as seguintes quantidades de alimentos para os *poodles*:

- *poodle* grande, médio ou adulto: 1 kg de carne ou 400 a 450g de alimento seco;
- *poodle* pequeno: 500g de carne ou 250 a 300g de alimento seco; e,
- *poodle* anão: 250g de carne ou 150 a 200g de alimento seco.

Naturalmente, essas quantidades não são rígidas, podendo variar de acordo com as circunstâncias como, por exemplo, quando o cão está magro, convalescente de uma doença e precisa engordar, comendo mais; época de frio em que ele necessita de maior número de calorias para se aquecer, etc.

Quando os cães estão gordos demais, devem fazer um regime para emagrecer e o principal é controlar, além da composição, a quantidade de alimentos, porque existem cães muitos gulosos.

15.8. ALGUNS DEFEITOS DE ALIMENTAÇÃO E SEUS SINTOMAS

Quando os filhotes ou os cães maiores não estão se desenvolvendo satisfatoriamente e demonstram fraqueza ou "moleza" isso, em geral, significa uma alimentação má, defeituosa ou deficiente.

Outros sintomas que podem significar alguns erros de alimentação, são:

- mau hálito, cuja causa alimentar pode ser um excesso de fécula na alimentação;
- gases e mau cheiro: podem ser provocados por excesso de ovos ou carne (inclusive fígado, etc.);
- pêlos secos, mortos ou caindo: pode ser falta de gorduras, óleos ou mais comumente, de vitaminas;
- muita coceira mas sem eczema: pode ser falta de vitamina B;
- o cão fica fraco, com musculatura mole e sem forças: provavelmente, sua alimentação é muito rica em gorduras moles e é muito pobre em alimentos energéticos.

- Duas fêmeas *Poodles* brancas - *Rafaela*, com 3 anos de idade e *Chiquitita*, com 2,5 anos - Canil Macoes - Propriedade de Elisabeth Coe -São Paulo

Capítulo 16

Doenças: Prevenção Tratamento - Vacinação

Trataremos, no presente capítulo, de algumas doenças infecciosas e parasitárias que, normalmente, exigem cuidados especiais ou medidas rotineiras de prevenção.

16.1. VERMINOSE

O mais comum e praticamente, o normal, é que as ninhadas sejam infestadas por vermes, principalmente o **Toxocara canis**. Raramente uma delas se livra desse problema, por maiores que sejam as cuidados com a limpeza e a higiene dos ninhos e os locais pelos quais andam os filhotes, pois eles se infestam ao mamarem nas tetas da cadela, quando elas estão sujas e contaminadas, porque tiveram contato com o chão ou outro local em que se encontravam os vermes ou os seus "ovos" ou larvas.

Os sintomas da verminose, no filhote, são: ele fica triste e abatido; ventre inchado e volumoso; tem emagrecimento progressivo e perda de peso; pêlos foscos, sem brilho; diarréia; mucosidade nas fezes; presenças de vermes nas fezes ou somente "bolos de vermes", eliminados pelo ânus.

Quando a infestação é muito grande, deve ser dado um vermífugo, aos filhotes, antes mesmo da desmama, para que eliminem os vermes e se recuperem. O melhor, porém, é consultar um médico veterinário.

Os vermífugos são, em geral, em pílulas, que devem ser colocadas bem no fundo da boca do filhote. Para evitar que ele a cuspa, sua boca deve ser fechada até que ele engula o medicamento.

A vermifugação deve ser adotada como rotina e os filhotes só devem ser vendidos ou presenteados, depois de tomarem o vermífugo.

16.2. ALGUMAS DOENÇAS E A VACINAÇÃO

Como a primeira vacinação deve ser feita somente quando os filhotes atingirem no mínimo, 45 dias de idade, época em que são ou já foram vendidos, o criador deve avisar ao comprador que o cãozinho deve ser vacinado, para que fique protegido de algumas doenças que passamos a analisar.

16.2.1. Cinomose

Doença infecciosa muito contagiosa, causada por um vírus. Seus sintomas podem ser os mais variados. Um deles, bem comum, é o aparecimento de "bolinhas" amarelas, de pus, na barriga do animal. Pode atacar o aparelho respiratório ou digestivo, bem como o sistema nervoso dos cães. Ataca todos os cães, principalmente os filhotes de 2 a 6 meses de idade e pode ser mortal.

Existe uma vacina eficaz contra essa doença, e que deve ser aplicada aos 2 meses de idade. Dar uma dose de reforço 30 e outra 60 dias após a 1° dose. Repetir a vacinação (1 dose), anualmente.

16.2.2. Hepatite

Ataca o fígado e causa, também, dores abdominais, sangramento, depressão, etc. Os cães muito jovens e os muitos velhos são os mais sujeitos a essa doença.

Os filhotes devem ser vacinados contra a hepatite, recebendo a 1ª dose aos 2 meses de idade e depois a 2ª e a 3ª doses, respectivamente, 30 e 60 dias após a aplicação da 1ª dose. Vacinar anualmente.

16.2.3. Leptospirose

É transmitida, principalmente pela urina dos ratos. É transmissível ao homem. Seu diagnóstico clínico não é muito fácil, porque não apresenta sintomas específicos, sendo eles gerais como, por exemplo, fraqueza, perda de apetite, vômitos e febre alta. A vacina contra essa doença deve ser aplicada aos 2 meses de idade, com uma dose de reforço aos 30 e outra aos 60 dias após a 1ª dose. Repetir a vacinação, todos os anos.

16.2.4. Parvovirose

Produzida por um vírus, é uma doença grave que ataca os cães de todas as idades e que pode ser mortal. A vacina contra essa doença deve ser aplicada aos 2 meses de idade e repetida, como reforço, 30 e 60 dias após a aplicação da 1ª dose, e depois, uma vez, todos os anos.

16.2.5. Coronavirose

Causada pelo *Coronavirus* (CCV), é uma doença altamente contagiosa e de elevada mortalidade, principalmente entre os cães jovens. Já está espalhada por todo o mundo. Não é transmissível ao homem. Seus primeiros sintomas são: prostração, letargia, falta de apetite, diarréia com forte cheiro fétido característico e com muco; vômitos biliosos, espumantes e às vezes, sangüinolentos.

O cão fica prostrado, vêm os vômitos e a diarréia com fezes amareladas, alaranjadas ou sanguinolentas. O período de incubação da doença pode ser de 24 a 36 horas ou mais longo. Os animais podem se recuperar, o que ocorre, em geral, em 7 a 10 dias. Para combater essa doença, o melhor é vacinar os cães aos 60, 90 e 120 dias de idade.

16.2.6. Influenza ou infecção tráqueo bronquial canina

É muito contagiosa, atacando o sistema respiratório dos cães de qualquer idade. É transmitida por contato direto ou indireto com cães doentes, sendo uma das doenças mais perigosas para os cães. *Sintomas*: febre alta, tosse forte com catarro ou mucosidade. Dura, normalmente, 2 a 4 semanas. Quanto mais rapidamente o cão for medicado, maiores são as suas possibilidades de recuperação.

Existe uma vacina eficaz contra essa doença e os filhotes devem ser vacinados como rotina. Existe, também, uma vacina múltipla ou sextupla contra cinomose, hepatite, leptospirose, parainfluenza, parvovirose e raiva, sendo o cão vacinado de uma só vez, com uma só picada de agúlha, contra essas 6 doenças.

16.2.7. Raiva

Doença mortal, para a qual não existe cura, depois do aparecimento dos seus primeiros sintomas. É produzida por um vírus, sendo transmissível ao homem. É transmitida pelo contato direto da saliva contaminada, do cão raivoso por lambeduras ou mordidas, ao homem, aos cães ou a outros animais.

A vacina contra a raiva, conhecida como anti-rábica, deve ser aplicada nos cães, aos 5 meses de idade e depois, repetida, uma vez por ano.

16.3. ESQUEMA DE VACINAÇÃO

Para que os cãezinhos fiquem protegidos dessas doenças, é indispensável que sejam vacinados. O melhor, para isso, é seguir um esquema de vacinações, como o que apresentamos, na tabela a seguir.

16.3.1. Tabela de Vacinação

Idade do cão (em dias)	**Doses e Vacina**
60	1ª - cinomose, hepatite, leptospirose, parvovirose, coronavirose e parainfluenza
90	2ª - cinomose, hepatite, leptospirose, parvovirose, coronavirose e parainfluenza
120	3ª - cinomose, hepatite, leptospirose, parvovirose, coronavirose e parainfluenza
150	Dose única - anti-rábica

As vacinas contra as mencionadas doenças podem ser dadas separadamente, desde que respeitados os prazos entre as suas respectivas doses.

16.4. TEMPERATURAS DOS *POODLES*

As temperaturas normais para os *poodles* são de 38,5°C para os adultos e de 38,9°C para os filhotes. Como, no entanto, eles são muito nervosos ou excitáveis, podem ficar muito excitados por vacinação, cortes de pêlos, etc. e sua temperatura se elevar. Se não houver, porém, uma justificativa e ela demorar algumas horas, é melhor consultar um médico veterinário.

Capítulo 17

Exposições Caninas

São eventos destinados a reunir os melhores cães das diversas raças caninas para que, por comparação e de acordo com os seus padrões oficiais, sejam escolhidos os melhores animais de cada raça e da própria exposição, sendo eles premiados com diversos títulos como "Campeão", "Campeão da Raça", "Campeão da Exposição", etc.

Existem, também, exposições especializadas, nas quais são apresentados cães de uma única raça.

As exposições são de grande importância e desempenham um relevante papel para o desenvolvimento e aperfeiçoamento das raças. Para os criadores, elas são de um valor extraordinário, para que eles comparem os seus cães aos de outros criadores e saibam, realmente, por comparação, a qualidade dos seus cães e não fiquem na ilusão de que os seus animais são os melhores que existem.

As exposições caninas são a melhor escola para quem quiser aprender sobre cães: cada criador é um excelente professor sobre a raça que cria, sendo suas lições de grande valor, principalmente para principiantes. Elas são, também, uma das melhores formas de divulgação para os cães e principalmente, para cada uma das raças caninas.

Quando uma pessoa possui um *poodle* e o considera um ótimo exemplar da raça e deseja apresentá-lo para concorrer, em uma exposição, o melhor é que, antes disso, o leve a pessoas que tenham competência para julgar o seu cão e que tenham, também, experiência adquirida em exposições, para que emitam uma opinião honesta sobre as possibilidades do animal nos julgamentos.

Quando ficar decidida a apresentação do seu *poodle*, a pessoa deve procurar o Kennel Club responsável pela exposição, para se inteirar das exigências para que ele seja inscrito nas competições.

Kiwie - *Poodle* adulto - Miniatura - Cor marrom - 2 anos de idade - Canil N AND T'S
Propriedade de Maria Izabel Pernambuco - Foto Lionel Falcon

IMPRESSÃO E ACABAMENTO:
YANGRAF Fone/Fax:
6198.1788